FILOSOFIA DA HISTÓRIA

Dados Internacionais de Catalogação na Publicação (CIP)
(Câmara Brasileira do Livro, SP, Brasil)

Kant, Immanuel, 1724-1804
Filosofia da História/Immanuel Kant; textos extraídos das obras completas de Kant (Immanuel Kants Werk); [tradução Cláudio J. A. Rodrigues]. – 1ª ed. – São Paulo: Ícone, 2012. – (Coleção fundamentos da filosofia).

Título original: *Filosofia de la historia: qué es la ilustración.*
ISBN 978-85-274-1191-2

1. Filosofia alemã. 2. História – Filosofia. 3. Kant, Immanuel, 1724-1804. I. Título. II. Série.

11-09004   CDD-901

Índices para catálogo sistemático:
1. História: Filosofia e teoria   901

Immanuel Kant

Filosofia da História

Textos Extraídos das
Obras Completas de Kant
(Immanuel Kants Werk)

Coleção Fundamentos da Filosofia

1ª edição
Brasil – 2012

© Copyright da tradução – 2012.
Ícone Editora Ltda.

Coleção Fundamentos da Filosofia

Conselho editorial
Cláudio Gastão Junqueira de Castro
Diamantino Fernandes Trindade
Dorival Bonora Jr.
José Luiz Del Roio
Marcio Pugliesi
Marcos Del Roio
Neusa Dal Ri
Tereza Isenburg
Ursulino dos Santos Isidoro
Vinícius Cavalari

Título original
Filosofía de la Historia – Qué es la Ilustración

Tradução
Cláudio J. A. Rodrigues

Revisão
Juliana Biggi

Design gráfico, capa e diagramação
Richard Veiga

Proibida a reprodução total ou parcial desta obra, de qualquer forma ou meio eletrônico, mecânico, inclusive por meio de processos xerográficos, sem permissão expressa do editor. (Lei nº 9.610/98)

Todos os direitos de tradução reservados à:
ÍCONE EDITORA LTDA.
Rua Anhanguera, 56 – Barra Funda
CEP: 01135-000 – São Paulo/SP
Fone/Fax.: (11) 3392-7771
www.iconeeditora.com.br
iconevendas@iconeeditora.com.br

Esboço da vida e obra de Kant

Immanuel Kant nasceu em Königsberg na Prússia Oriental em 1724, filho de um fabricante de arreios. Frequentou a universidade local e de 1747 a 1754 trabalhou como tutor particular. Durante este tempo apresentou dois ensaios na forma de dissertações, que o levou à posição de instrutor não remunerado na universidade de Königsberg. Palestrou sobre uma ampla gama de cursos em filosofia, matemática e ciências naturais, vivendo dos pagamentos de seus cursos e publicando uma série de obras de filosofia e de ciências naturais. No entanto, seu objetivo era se tornar professor de filosofia em Königsberg, e, por isso, rejeitou várias ofertas antes de se tornar professor de Lógica e Metafísica na Universidade de Königsberg em 1770. Este foi o início da chamada década de silêncio durante a qual Kant publicou muito pouco e preparou os argumentos do livro com o qual estabeleceria sua reputação duradoura: a *Crítica da Razão Pura* (1781). Neste trabalho, Kant examina os limites e o alcance do conhecimento humano, especialmente o conhecimento metafísico. Sua abordagem revolucionária baseava-se no pressuposto de que a composição específica das faculdades cognitivas humanas determina as características estruturais mais importantes de como o mundo aparece para nós e, ao mesmo tempo, estabelece limites radicais para o conhecimento metafísico. Desentendimentos iniciais entre seus leitores impeliram Kant a reafirmar seus pontos de vista nos *Prolegômenos* (1783). Uma vez que o caráter revolucionário de sua teoria foi compreendido, Kant tornou-se famoso.

Na *Crítica da Razão Pura* Kant sublinhou a importância de sua nova abordagem sobre a ética, e alguns anos depois publicou dois trabalhos inovadores sobre teoria ética: *Fundamentação da Metafísica dos Costumes* (1785) e *Crítica da Razão Prática* (1788). Durante este tempo, Kant também escreveu os *Fundamentos Metafísicos da Ciência Natural* (1786). Durante a década de 1780, ele publicou uma série de ensaios sobre filosofia da história, tocando em questões de política e paz internacional: *"Ideia para uma história universal a partir de uma perspectiva cosmopolita"* (1784), *"Uma Resposta à Pergunta: O que é o Iluminismo?"* (1784), e *"Provável Início da História Humana"* (1786). Em 1790 publicou a *Crítica do Juízo*, na qual expõe sua teoria sobre estética e sobre biologia. Seu livro de 1793, *A Religião Dentro dos Limites da Simples Razão*, envolveu-o em um conflito com a censura. Durante os anos de 1790 o interesse de Kant em teoria e prática política se intensificou, como consequência, sem dúvida, da Revolução Francesa e seus desdobramentos. Isto é evidente em *"Sobre o Dizer Comum: Pode ser verdadeiro na teoria, mas não se afirma na prática"* (1793), *Rumo à paz perpétua: um esboço filosófico* (1795) [Lançado pela Ícone], e *Metafísica dos Costumes* (1797). Em 1798, Kant publicou *O Conflito das Faculdades* e *Antropologia de um Ponto de Vista Pragmático*, o último baseado em suas palestras populares sobre o tema.

Durante os últimos anos de sua vida Kant sofreu da doença de Alzheimer e faleceu em Königsberg, no ano de 1804.

Nota sobre a tradução

Traduzir não é um esforço mecânico. É claro que é importante para uma tradução ser consistente, e assim almejamos traduzir a mesma palavra de uma língua para a correspondente, em outra, sempre que possível. Mas quando uma palavra tem diferentes matizes de significado, e quando seu significado é determinado pelo contexto mais amplo, atribuindo a ela uma única contraparte na língua para a qual é traduzida, não é possível nem desejável fazê-lo.

Além disso, uma tradução não deve ter por objetivo melhorar o estilo e conteúdo do original. Se o original não é claro ou estilisticamente feio, uma boa tradução será, do mesmo modo, pouco clara ou feia também, – quando isso é possível, pois nem sempre podemos obter esse resultado. Uma frase que é ambígua em alemão, por exemplo, pode não ter uma contrapartida igualmente ambígua em português. Tentamos, no entanto, situar o leitor de nossa língua, tanto quanto possível, na mesma posição do leitor do original, quando se trata de interpretar e avaliar os argumentos de Kant.

Alguns termos apresentam dificuldades especiais. Dois exemplos merecem uma menção especial aqui:

Mensch. Em muitas outras traduções, esse termo é traduzido como o "homem", que é então usado tanto para *Mensch* quanto para *Mann*. Para preservar a distinção entre esses dois termos alemães, preferimos traduzir *Mensch* como "Ser Humano" e reservamos "homem" para *Mann*.

Recht e seus cognatos. Este termo é notoriamente difícil de traduzir devido às diferenças estruturais entre os sistemas jurídicos predominantes no mundo de língua alemã e portuguesa. Decidimos usar "direito" para *Recht*, que pode soar estranho nas passagens, mas pode assim também servir para realçar a maneira diferente de pensar sobre essas questões que está por trás das palavras de Kant.

Citações e frases latinas foram preservadas e traduzidas separadamente (entre parênteses ou em nota) somente quando o próprio Kant não fornece uma tradução.

Sumário

Primeira Parte
Uma resposta à pergunta: O que é o Iluminismo?, 13

Segunda Parte
Ideias para uma história universal do ponto de vista cosmopolita, 23

   Primeira Proposição, 26
   Segunda Proposição, 26
   Terceira Proposição, 27
   Quarta Proposição, 29
   Quinta Proposição, 31
   Sexta Proposição, 33
   Sétima Proposição, 34
   Oitava Proposição, 39
   Nona Proposição, 42

Terceira Parte
Provável início da história humana, 45
  Observação, 53
  Fim da História, 57
  Observação Final, 60

Quarta Parte
Se o gênero humano encontra-se em constante progresso para o melhor, 65
  1. O que se pretende saber aqui?, 65
  2. Como podemos saber tal coisa?, 66
  3. Divisão conceitual daquilo que se deseja antecipar do futuro, 67
  4. O problema do progresso não pode ser resolvido imediatamente pela experiência, 70
  5. A história profética do gênero humano tem, não obstante, que começar com algum tipo de experiência, 72
  6. De um fato de nosso tempo que prova essa tendência moral do gênero humano, 73
  7. História profética da humanidade, 76
  8. Da dificuldade das máximas estabelecidas para o progresso rumo a um mundo melhor em razão de sua publicidade, 78
  9. Que benefício ocasionará ao gênero humano o progresso para melhor?, 81
  10. Qual é a única ordem de coisas em que cabe esperar o progresso para melhor?, 82
  Conclusão, 84

Quinta Parte
Antropologia de um ponto de vista pragmático – parte 2, seção E, 85
  I. A predisposição técnica, 87
  II. A predisposição pragmática, 89
  III. A predisposição moral, 90

Sexta Parte
Sobre o caráter da espécie humana, 99

Sétima Parte
O fim de todas as coisas, 105

PRIMEIRA PARTE

UMA RESPOSTA À PERGUNTA: O QUE É O ILUMINISMO?

O ILUMINISMO É EMANCIPAÇÃO DO SER HUMANO DE SUA IMATURIDADE AUTOIMPOSTA. *Imaturidade* é a incapacidade de fazer uso de seu intelecto sem a direção do outro. Esta imaturidade é autoimposta quando sua causa não reside na falta de intelecto, mas sim em uma falta de vontade e coragem para fazer uso de seu intelecto sem a direção do outro. *"Sapere aude!* Tenha coragem de fazer uso de seu próprio intelecto!" este é, portanto, o lema do iluminismo.

Ócio e covardia são as razões pelas quais uma grande parte da humanidade continua a gostar de seu estado de pupilo, mesmo depois de a natureza ter-nos libertado desta estranha tutela (*naturaliter maiorennes*); e estas são também as razões por que é tão fácil para que outros possam estabelecer-se como seus tutores. É muito confortável ser imaturo. Se eu tiver um livro que me pareça razoável, um pastor que atue como minha consciência, um médico que determine a minha dieta, etc., então eu não preciso fazer qualquer esforço. Não é necessário que eu pense se simplesmente posso pagar; outros tomarão, por mim, esses fardos cansativos sobre si mesmos. Os tutores que gentilmente assumiram a responsabilidade de supervisão têm garantido que a maior parte da humanidade (incluindo a totalidade do belo sexo) compreenda o progresso em direção à maturidade como sendo não apenas árduo, mas igualmente perigoso. Depois de terem, pela primeira vez, emudecido seus animais domésticos e cuidadosamente terem impedido suas mansas criaturas de ousar dar um único passo sem sua supervisão para que não saiam do caminho trilhado, mostram, em seguida, os perigos que os ameaçam, caso tentem andar sozinhos. Contudo, esse perigo não é tão grande, por que depois de cair algumas vezes, por fim, aprenderiam a andar sozinhos. Mas um só exemplo os torna tímidos e geralmente os inibe de todas as outras tentativas.

Assim, é difícil para qualquer pessoa conseguir sair dessa imaturidade que se tornou quase uma segunda natureza para ela. Ela tornou-se afeiçoada, porquanto, sente-se verdadeiramente incapaz de fazer uso de sua própria razão, porque nunca se permitiu ou foi autorizada a experimentá-la. Estatutos e fórmulas, essas ferramentas mecânicas de um uso racional, ou antes, abuso de seus dotes naturais, são os grilhões de um estado perpétuo de imaturidade. E quem se desprendesse desses grilhões daria apenas um salto incerto sobre uma vala ainda mais estreita, porque não está acostumado a tal liberdade de movimento. Consequentemente, há apenas muito poucos que conseguiram através de seu próprio esforço intelectual emergir da imaturidade e que ainda caminham com confiança.

Agora já é mais provável que o público se ilumine; na verdade, é quase inevitável se se tem a liberdade de fazê-lo. Porque sempre haverá alguns pensadores independentes mesmo entre os tutores nomeados das grandes massas que, depois de eles próprios terem lançado fora o jugo da imaturidade, espalharem o espírito de valorização racional do próprio valor e chamado de cada ser humano a pensar por si mesmo. O que é particularmente notável aqui é que o público que anteriormente tinha sido colocado sob este jugo pode obrigar a si mesmo a permanecerem sob este jugo, se for incitado a tal ação por alguns de seus tutores que são incapazes de qualquer esclarecimento. É muito prejudicial instilar preconceitos, por que eles, finalmente, se vingarão de seus autores ou daqueles cujos antecessores os inventaram. Portanto, um público só pode chegar à iluminação lentamente. Uma revolução talvez seja capaz de livrá-los do despotismo pessoal e acabar com a opressão econômica ou política, mas nunca pode causar uma verdadeira reforma do pensamento; em vez disso, novos preconceitos servirão como uma rédea orientadora às massas ignorantes.

No entanto, nada é necessário para esta iluminação senão a *liberdade*. E, de fato, o tipo mais inofensivo de liberdade, ou seja, fazer *uso público* da própria razão em todas as questões, é o que pode ser corretamente chamado de liberdade. Mas agora ouço de todos os lados: *não argumente!* O oficial diz: não argumente, apenas perfure! O cobrador de impostos diz: não argumente, apenas pague! O clérigo diz: não argumente, apenas creia! (existe apenas um mestre do mundo que diz: argumente, tanto quanto quiser e sobre tudo o que você gosta, *mas obede*ça!). Em toda parte aqui há limitações à liberdade. Mas que tipo de limitação é um obstáculo à iluminação? E que tipo, por outro lado, é estímulo a ela? Eu respondo: o uso público da própria razão deve ser livre em todos os momentos, e isso, por si só, pode trazer a iluminação aos seres humanos; o *uso privado* da sua razão, no entanto, pode muitas vezes ser altamente restrito sem por isso impedir de modo especial o progresso do iluminismo. Por uso público da razão própria quero dizer o tipo de uso que um *mestre* faz diante de um mundo de leitores. Entendo por uso privado da razão própria o uso que se pode fazer dela num posto civil ou numa repartição, na qualidade de *funcionário*. Por que muitos assuntos que servem aos interesses da comunidade exigem um determinado mecanismo, por meio do qual alguns membros da comunidade devem desempenhar um papel meramente passivo para, por meio de uma unanimidade artificial, poder ser guiados pelo governo na persecução de fins públicos, ou pelo menos ser impedidos de minar esses fins. Neste caso, é claro, não se pode argumentar, mas sim é preciso obedecer. Mas, na medida em que esta parte da máquina é simultaneamente um segmento da comunidade como um todo e até mesmo uma parte da sociedade de cidadãos do mundo e, portanto, age como um *mestre* que se dirige a um público através de seus escritos, pode, na verdade, argumentar sem que, por isso, prejudique os assuntos pelos quais ele é, em parte, responsável através do serviço passivo. Portanto, seria muito prejudicial se um funcionário que recebe ordens de seus superiores fosse questionar publicamente a conveniência ou a utilidade de suas ordens; ele deve apenas obedecer. Ele não pode, no entanto, com justiça ser impedido de fazer comentários, como um mestre, sobre os erros no serviço militar e submeter estas observações ao julgamento público. Um cidadão não pode recusar-se a pagar os impostos que lhes são exigidos; mesmo por uma crítica indiscreta a tais impostos, se esses devem ser pagos, ele pode ser punido como causador de escândalo público (pois poderia deflagrar uma resistência mais generalizada). Independentemente disto, o mesmo cidadão não infringe o seu dever cívico se ele publicamente expressa, como um estudioso, seu pensamento contra a impropriedade ou até mesmo injustiça de tais taxas. Do mesmo modo, um clérigo é obrigado a prestar seu serviço a seus alunos no catecismo e à sua congregação em conformidade com o credo da Igreja a que serve, pois ele foi aceito em sua posição precisamente sob esta condição. Mas como um mestre ele desfruta de plena liberdade e até mesmo do dever de comunicar ao público suas ideias bem examinadas e bem-intencionadas sobre as deficiências que encontra nesse credo, bem como suas sugestões para um melhor arranjo das instituições religiosas e da igreja. E não há nada aqui que deva ser considerado como peso em sua consciência. Por que ele ensina de acordo com seu ofício como um agente representante da igreja, e entende ser algo em relação ao qual ele não pode apenas ensinar a seu próprio critério, mas antes foi empregado para apresentar-se de acordo com a instrução e em nome de outro. Ele deve dizer: nossa igreja ensina isto ou aquilo. Esta é a evidência da qual ela depende. Ele, então, recebe todos os benefícios práticos de sua congregação de estatutos que ele não apoiaria com plena convicção, mas a apresentação do que ele pode realizar, pois afinal não é completamente impossível que a verdade esteja escondida dentro dela, e em qualquer caso, no entanto, nada pode ser encontrado nela que fundamentalmente contradiga à religião interior. Por que se ele acreditasse encontrar tal contradição ele não seria capaz de executar seu ofício em boa consciência e teria de demitir-se. Daí o uso que um professor assalariado faz de sua razão diante de sua audiência é meramente um *uso privado*. Porque essa sempre é meramente uma audiência particular de pessoas, por maior que ela possa ser. E, em vista disso, ele não é livre como um sacerdote e, de fato, não pode ser livre, porque está atuando em uma comissão que vem de fora. Como um mestre, por outro lado, que, por meio de escritos, se dirige ao público verdadeiro, ou seja, a todo o mundo, o clérigo, ao fazer *uso público* de sua razão, desfruta de irrestrita liberdade ao fazer uso de sua própria razão, falando de sua própria pessoa. Porque reivindicar que os tutores do povo (em questões espirituais) sejam pupilos é uma incoerência que equivaleria a uma perpetuação de todos os absurdos.

Mas não é possível que uma sociedade de clérigos, algo semelhante a uma associação eclesiástica, ou uma *classis* venerável (como se costuma chamar entre os holandeses), possa se comprometer por meio de juramento a guardar certo credo imutável, para assim se assegurarem da tutela constante sobre cada um dos seus membros e, também, através deles, sobre toda a população, imortalizar sua tutela se quiserem? Eu digo que é completamente impossível. Esse contrato, que é celebrado de forma a evitar, por toda a eternidade, toda iluminação ulterior à raça humana é pura e simplesmente nulo, mesmo que fosse para ser confirmado pela autoridade mais suprema, por meio de parlamentos ou pelo mais solene dos tratados de paz. Uma geração não pode formar uma aliança e conspirar para colocar uma geração posterior numa posição em que é impossível para esta expandir seu conhecimento (particularmente onde tal conhecimento é tão vital), livrar esse conhecimento de erros e, em geral, continuar no caminho da iluminação. Isso seria uma violação da natureza humana, à qual a vocação original consiste precisamente neste progresso; por esta razão os descendentes podem perfeitamente rejeitar essas resoluções como tendo sido feitas de forma injusta e criminosa. A pedra de toque de qualquer coisa que possa servir como uma lei sobre um povo reside na pergunta: um povo poderia impor tal lei sobre si mesmo? Poderia ser possível por um determinado período de tempo muito breve introduzir certo grau de ordem na expectativa de uma lei melhor; mas permitindo a todos os cidadãos, principalmente ao clérigo, a liberdade de comentar publicamente, ou seja, através de escritos, na sua qualidade de mestre, sobre aquilo que é falho no presente convênio enquanto a ordem atual ainda prevalece, até que a visão sobre o estado de coisas nestas questões tenha publicamente progredido até o ponto em que se mostre ser geralmente aceita, para que através de uma coalizão de suas vozes (mesmo que não haja uma opinião unânime) seja possível apresentar uma proposta ao trono para defender as congregações que concordem sobre o que veem como uma mudança em sua organização religiosa que constitua uma melhoria, sem impedir, assim, aqueles que deixam as coisas como estão. Mas, é pura e simplesmente inadmissível concordar que uma constituição religiosa permanente não deva ser publicamente posta em causa por ninguém, mesmo dentro do espaço de tempo de vida de uma pessoa; isso significa destruir e tornar vão um intervalo de tempo no progresso da humanidade em direção à melhoria tornando-se, desse modo, prejudicial à sua posteridade. Um ser humano pode adiar sua própria iluminação e mesmo assim apenas por um curto período de tempo, com relação àquilo que é sua responsabilidade saber. Mas renunciá-la para sua própria pessoa e mais ainda para seus descendentes significa violar e pisotear os direitos sagrados da humanidade. O que um povo não é capaz de legislar para si mesmo, um monarca tem ainda menos direito de decretar; pois sua capacidade legislativa baseia-se precisamente no fato de que ele reúne em sua vontade a vontade coletiva do povo. Se ele procura apenas garantir que toda real ou suposta melhoria seja consistente com a ordem cívica, então, não pode deixar que seus súditos façam o que eles próprios acham necessário para sua própria salvação; não lhe diz respeito, mas é de seu interesse evitar que uns e outros se impeçam por meios vigorosos de determinar e promover a sua própria salvação com todas as suas próprias competências. Ele mesmo deveria diminuir sua própria majestade se fosse para interferir aqui e considerar os escritos em que seus súditos procuram esclarecer sua compreensão. Escritos estes dignos de supervisão de seu governo. É verdade que se ele assim o fizer, baseado em sua própria compreensão, submete-se à objeção: *Cesar non est supra grammaticos*.[1] E isso é muito mais verdadeiro, porque reduz sua autoridade suprema que apoia o despotismo espiritual de alguns tiranos dentro de seu estado contra seus demais súditos.

Se então nos perguntamos: vivemos em uma época *iluminada*?, a resposta é: não, mas vivemos em uma época de *iluminismo*. Falta muito para que, da maneira como estão as coisas, os seres humanos, nas atuais circunstâncias e tomados como um todo, sejam ou possam ser colocados em posição de fazer confiante e bom uso da própria razão em matéria de religião sem a direção de outrem. Mas temos indicações claras de que agora lhes estão sendo abertas as possibilidades de trabalhar para isso, e que os obstáculos à iluminação universal, ou à emancipação de sua imaturidade autoinfligida, agora, estão se tornando gradualmente menores. Neste aspecto, nossa era é uma era de iluminismo, ou o século de *Frederico*.[2]

---

1 "O imperador não está acima dos gramáticos."

2 Frederico II ("o Grande") (1712-86), rei da Prússia de 1740 a 1786.

Um príncipe que não considera indigno de si dizer que reconhece como um *dever* não prescrever nada aos homens em matéria de religião e que deseja dar-lhes liberdade perfeita em tais questões. Um príncipe que rejeita, desse modo, o nome arrogante de *tolerância*, é um príncipe iluminado e merece ser elogiado pelo mundo e pela posteridade, como aquele que primeiro libertou a humanidade, pelo menos do lado do governo, da imaturidade e permitiu que todos fossem livres para fazer uso da própria razão em todas as questões de consciência. Sob seu governo, clérigos veneráveis podem, não obstante os deveres do seu cargo, apresentar, na sua qualidade de doutores, livre e publicamente ao escrutínio do mundo, decisões que talvez aqui ou ali se desviem do credo religioso reconhecido. Esse é ainda mais o caso com quaisquer outras pessoas que não estão restringidas por deveres de ofício. Este espírito de liberdade também se estende para fora, mesmo para onde ele deve lutar contra obstáculos externos apresentados por um governo que erra em sua missão. Porque este único exemplo nos esclarece como em regime de liberdade não há nada a temer pela ordem pública e pela unidade da comunidade. Os seres humanos gradualmente construirão seu caminho para fora de sua condição de brutalidade, enquanto não forem mantidos intencionalmente neste estado.

Descrevi aqui o ponto principal do iluminismo, isto é, a emancipação do ser humano de sua imaturidade autoinfligida, principalmente em termos de questões religiosas. Porque sobre as artes e as ciências nossos governantes não têm nenhum interesse em atuar como um guardião de seus súditos; além disso, a imaturidade em questões de religião é o tipo mais nocivo e, portanto, a mais degradante de todas. Mas a maneira de pensar de um chefe de estado que incentiva essa liberdade vai ainda mais longe e reconhece que, mesmo com relação à sua *legislação*, não há nenhum perigo em permitir que seus súditos façam livremente uso *público* de sua razão e apresentem publicamente seus pensamentos ao mundo sobre uma versão melhor de sua legislação, mesmo por meio de uma crítica sincera. Temos um exemplo brilhante disso, e o monarca a quem admiramos não tem precedentes.

Mas só aquele que, esclarecido, não tem medo de sombras e, ao mesmo tempo, tem ao seu dispor um exército numeroso e bem treinado para garantir a paz pública, pode dizer o que um estado livre não pode ousar dizer: *argumentem sobre tudo que quiserem e sobre tudo o que desejarem, mas obedeçam!* Aqui nos deparamos com um estranho e inesperado curso dos acontecimentos humanos, assim como se fez em outros momentos, quando se considerou o curso dos acontecimentos humanos em seu todo, em que quase tudo é paradoxal. Um maior grau de liberdade cívica parece ser benéfico à liberdade *intelectual* das pessoas e, no entanto, também define limitações insuperáveis a tal liberdade; enquanto um menor grau de liberdade cívica, por outro lado, cria espaço para as pessoas se estenderem em conformidade com todos os seus poderes. Quando a natureza desenvolver totalmente a semente escondida neste duro revestimento, que oferece seu cuidado mais precioso, ou seja, a tendência e a vocação ao *livre pensar*, então esta semente irá alargar gradualmente seus efeitos à disposição do povo (através da qual as pessoas gradualmente se tornarão mais capazes de *liberdade de ação*) e finalmente até mesmo aos princípios do governo, que considero ser benéfico para tratar do ser humano, que é, de fato, *mais do que uma máquina*, de acordo com a sua dignidade.

Königsberg, Prússia, 30 de setembro de 1784.

Segunda Parte

Ideias para uma história universal do ponto de vista cosmopolita

Qualquer que seja o conceito de *liberdade da vontade* que se possa desenvolver no contexto da metafísica, as *aparências* da vontade, as ações humanas, são determinadas, como qualquer outro evento natural, em conformidade com as leis naturais universais. A história, que se ocupa em dar conta de uma narrativa dessas aparências, permite-nos ter esperança de que, por mais profundamente ocultas que sejam suas causas, se considerarmos o livre exercício da vontade humana *em geral*, podemos finalmente discernir uma progressão regular em suas aparições. Além disso, a história permite-nos esperar que, desta forma, o que parece confuso e irregular, quando se consideram os indivíduos em particular pode, não obstante, ser reconhecido como uma constante progressão, apesar do lento desenvolvimento das capacidades originais de toda a espécie. Assim, uma vez que o livre-arbítrio dos seres humanos tem uma grande influência sobre os casamentos e sobre os nascimentos que resultam desses e sobre as mortes que ocorrem, parece que não há nenhuma regra à qual esses eventos estejam sujeitos e segundo a qual poder-se-ia calcular o número com antecedência. No entanto, estatísticas relevantes elaboradas anualmente em grandes países demonstram que esses eventos ocorrem em plena conformidade com leis naturais constantes, como as inconstâncias do tempo, que não podem ser determinadas individualmente com antecedência, mas que, tomadas em conjunto, não deixam de manter uma coerência e ininterrupto processo no crescimento das plantas, no fluxo dos rios e outras disposições naturais. Os seres humanos individuais e até mesmo todos os povos dão pouca atenção ao fato de que eles, ao perseguirem seus próprios fins, cada um à sua maneira e, muitas vezes, em oposição aos outros, sem querer, como que guiados, trabalham para promover a intenção da natureza, que é desconhecida para eles, e que, mesmo se fosse conhecida, eles dificilmente se preocupariam com ela.

Como os seres humanos não seguem, na busca de seus esforços, apenas seus instintos, como fazem os animais, e ainda assim, como seria próprio de cidadãos racionais do mundo, não procedem em conformidade com uma disposição previamente determinada, não parece ser possível apresentar uma história sistemática deles (como seria possível ser dada para as abelhas ou castores, por exemplo). Não podemos deixar de sentir certa relutância quando se observa a sua atividade como realizada no grande palco do mundo e encontra, por fim, apesar da aparência ocasional de sabedoria ser vista em ações individuais que tudo parece ainda por se fazer por causa da grande insensatez, vaidade infantil e até mesmo perversidade e destrutividade infantil. Quando confrontados com isso, não se sabe, no final, como se deve conceber a nossa espécie, uma espécie tão completamente convencida de sua própria superioridade. A única opção para o filósofo aqui, já que ele não pode pressupor que os seres humanos exerçam qualquer *finalidade* racional própria em seus esforços, é que ele tente descobrir uma *finalidade da natureza* por trás deste curso absurdo da atividade humana, uma finalidade com base em que a história poderia ser recebida de seres que continuam sem um plano próprio, mas, não obstante, de acordo com um plano definido da natureza. – Vamos agora ver se conseguimos descobrir um princípio orientador para a história, e, em seguida, queremos levá-lo à natureza para produzir o homem que é capaz de compilar esta história em conformidade com este princípio. Assim, a natureza produziu *Kepler*, por exemplo, que descreveu, de maneira inesperada, as órbitas excêntricas dos planetas como sujeitas a leis definidas, e *Newton*, que explicou essas leis em termos de uma causa natural geral.[3]

---

3 *Johannes Kepler* (1571-1630) trabalhou no observatório de *Tycho Brahe* e posteriormente o sucedeu. Crente na teoria copernicana, Kepler se utilizou das observações de Brahe para deduzir três leis fundamentais do movimento dos planetas. Isto capacitou, mais tarde, *Isaac Newton* (1643-1727) a formular sua teoria da força gravitacional e a explicar, minuciosamente, os movimentos planetares e de suas respectivas luas.

Primeira proposição

Todas as predisposições naturais de uma criatura estão destinadas a desenvolver-se, por fim, de maneira plena e adequada de acordo com seu propósito.

Essa proposição é apoiada tanto pela observação externa quanto pela observação interna ou dissecção. Um órgão que não há de ser mais utilizado, ou um acordo que não atinge o seu objetivo, é uma contradição na teoria teleológica da natureza. Porque se abandonamos este princípio, então não podemos mais entender a natureza como regida por leis, mas apenas como atuando sem objetivo por meio do reino sombrio do acaso, portanto, isso substitui o princípio orientador da razão.

Segunda proposição

No ser humano (como a única criatura racional sobre a Terra), *as predisposições naturais que visam ao uso de sua razão estão para ser desenvolvidas, na íntegra, somente na espécie e não no indivíduo.*

A razão é a capacidade de uma criatura alargar as regras e intenções da utilização de todos os seus poderes para além de seus instintos naturais. E a razão não conhece limites no âmbito dos seus projetos. A própria razão não funciona de acordo com o instinto, mas exige experimentação, prática e instrução, a fim de avançar gradualmente de uma fase de introspecção para o próxima. Por esta razão, uma pessoa teria de viver um período muito longo de tempo, a fim de aprender a fazer pleno uso de todas as suas predisposições naturais. Ora, se a natureza limitou o tempo de vida (como de fato aconteceu), talvez ela requeira um número incalculável de gerações, das quais cada uma passa sua iluminação para a próxima, a fim de, em certo momento, levar as sementes em nossa espécie ao estágio de desenvolvimento que corresponda plenamente ao propósito da natureza. E neste momento, pelo menos na ideia do que vem a ser o homem, deve constituir o objetivo de seus esforços, uma vez que, de outro modo, suas predisposições naturais teriam de ser consideradas, em grande parte, inúteis e sem sentido. Todos os princípios práticos deveriam, assim, ser abolidos, e a natureza, cuja sabedoria, por outro lado, serve como princípio básico para julgar todas as outras coisas, seria, portanto, suspeita de jogo infantil apenas no caso dos seres humanos.

TERCEIRA PROPOSIÇÃO

> *A Natureza quis que os seres humanos*
> *produzissem por si mesmos tudo o que*
> *ultrapassasse a organização mecânica de sua*
> *existência animal, e que não participassem*
> *de qualquer felicidade ou perfeição diferente*
> *da que eles alcançam livre do instinto*
> *e por meio de sua própria razão.*

ISSO PORQUE a natureza não faz nada supérfluo e não é dispendiosa no uso dos seus meios para atingir a seus fins. O simples fato de que deu ao ser humano a faculdade da razão e da liberdade da vontade com base nesta faculdade é uma clara indicação de sua intenção em relação aos seus dotes. Eles não foram destinados a serem conduzidos pelo instinto, nem a ser supridos e instruídos com conhecimento inato, pois eles estavam destinados a produzir tudo sozinhos. A invenção dos seus meios de sustento, suas roupas, sua segurança e defesa externas (para a qual não lhes deu nem os chifres do touro, nem as garras do leão, nem os dentes do cão, mas apenas as mãos), de todas as alegrias que podem tornar a vida agradável, sua compreensão e prudência, e até mesmo a bondade de sua vontade se destinavam totalmente a serem produtos de seus próprios esforços. A natureza parece ter prazer em sua própria e extrema economia a este respeito, e de ter proporcionado recursos tão escassos para o seu animal, de forma tão adaptada a satisfazer apenas as necessidades mais vitais de uma existência primitiva, como se tivesse pretendido que os seres humanos, depois de saírem de uma condição de tamanha brutalidade a uma condição de maior habilidade, de perfeição interior em sua maneira de pensar e, consequentemente (na medida do possível na Terra), a um estado de felicidade, deveriam receber todo o crédito para si mesmos e ter de agradecer somente a si por isso. É como se a natureza estivesse mais preocupada com sua *autoestima* racional do que com o seu bem-estar. Pois, no curso dos assuntos humanos, os seres humanos são confrontados com uma série de dificuldades. Parece, no entanto, que a natureza não estava de todo interessada em que os seres humanos vivessem bem, mas sim que eles trabalhassem o suficiente antes de se tornarem, por meio do seu comportamento, dignos da vida e do bem-estar. O que é desconcertante aqui, porém, é que as gerações anteriores parecem ter desenvolvido seus árduos esforços apenas para o bem das que viriam mais tarde, a fim de preparar-lhes um nível no qual pudessem elevar ainda mais a estrutura que a natureza pretendia; e que, não obstante, só as gerações posteriores teriam a sorte de habitar o edifício que foi o trabalho de uma longa série de gerações precedentes (embora sem que isso seja a sua intenção), sem elas mesmas serem capazes de partilhar da fortuna que elas próprias haviam trabalhado. Mas, por mais desconcertante que seja, é, no entanto, necessário que se presuma que uma espécie animal deva possuir razão e, como uma classe de seres racionais, onde cada um morre, mas cuja espécie é imortal, deveria atingir o pleno desenvolvimento de suas predisposições.

QUARTA PROPOSIÇÃO

*Os meios que a natureza emprega a fim de permitir o desenvolvimento de todas as predisposições dos seres humanos é o seu **antagonismo** das mesmas na sociedade, na medida em que este antagonismo acaba se tornando a causa de uma organização da sociedade regida pelo direito.*

POR ANTAGONISMO quero dizer aqui a *sociabilidade insociável* dos seres humanos, isto é, sua tendência a entrar em sociedade, uma tendência relacionada, porém, com uma resistência constante que ameaça continuamente acabar com essa mesma sociedade. Esta sociabilidade insociável é, obviamente, parte da natureza do ser humano. Os seres humanos têm uma inclinação a se *associar* uns com os outros porque nesta condição sentem-se mais humanos, quer dizer, em melhores condições de desenvolver suas predisposições naturais. Mas eles têm também uma forte tendência a se *isolar*, porque encontram em si mesmos o traço antissocial que os predispõem a querer dirigir tudo somente para seus próprios fins e, portanto, deve-se esperar que encontrem resistência de todos os lados, assim como sabem que eles mesmos tendem a resistir aos outros. É essa resistência que desperta todos os poderes humanos e leva os seres humanos a superarem sua tendência à ociosidade e, impulsionados pelo desejo de honra, poder ou propriedade, a estabelecer uma posição para si entre seus companheiros, de quem eles não podem se *afastar* nem *prescindir*. Aqui são dados os primeiros passos da brutalidade à cultura, que consiste, na verdade, no valor social dos seres humanos. E aqui todos os talentos são gradualmente desenvolvidos, o gosto é formado, e, ainda, por meio da iluminação permanente, o início de uma fundação é lançado por um modo de pensar que é capaz, ao longo do tempo, de transformar a primitiva predisposição natural para o discernimento moral em princípios práticos definidos e, em última análise, fazer um acordo de sociedade, que inicialmente tinha sido patologicamente[4] coagido, em um todo *moral*.

Sem essas características de insociabilidade, que, na verdade, não são muito atraentes em si mesmas, e que suscitam a resistência que cada pessoa necessariamente encontra em sua presunção egoísta, os seres humanos viveriam a vida arcádica de pastores, em plena harmonia, contentamento e amor recíproco. Mas todos os talentos humanos dessa forma jazeriam eternamente adormecidos, e os seres humanos, com boa disposição como as ovelhas que lançam ao pasto, teriam, assim, um valor pouco maior que o dos seus animais domésticos. Eles não conseguiriam preencher o vazio no que diz respeito à finalidade para a qual, como natureza racional, foram criados. Por esta razão deve-se agradecer à natureza por sua belicosidade, por sua vaidade competitiva e ciumenta, por seu apetite insaciável

---

4 O termo "patológico" aqui quer dizer "determinado pelos impulsos dos sentidos" (cf. CPuR A802/B830).

por propriedade e até mesmo por poder! Sem isso todas as predisposições humanas naturais e excelentes jazeriam em sono eterno, incapazes de se desenvolver. Os seres humanos desejam harmonia, mas a natureza sabe melhor o que é bom para sua espécie: ela discordará. Os seres humanos desejam viver ociosamente e desfrutar de si mesmos, mas a natureza quer que os seres humanos abandonem sua indolência e contentamento passivo e se envolvam em trabalhos e fadigas, só para encontrar os meios, por sua vez, de escapar habilmente destes mesmos trabalhos. As forças naturais motivadoras para isso, as fontes de insociabilidade e de resistência contínua a partir das quais tantos males surgem, também levam ao esforço renovado de suas próprias energias e, portanto, ao desenvolvimento das predisposições naturais. Consequentemente, revelam o plano de um criador inteligente, e não, como pode parecer, o trabalho de um espírito maligno que adulterou a maravilhosa obra do criador ou a arruinou por inveja.

Quinta proposição

*O maior problema para a espécie humana ao qual a natureza o obriga a buscar uma solução é a realização de uma **sociedade civil** que administre o direito universalmente.*

A MAIOR intenção da natureza para a humanidade, ou seja, o desenvolvimento de todas as predisposições naturais desta, só pode ser realizada na sociedade, e, mais precisamente, em uma sociedade que possua o maior grau de liberdade. Uma sociedade, portanto, na qual seus membros lutem continuamente uns contra os outros e ainda na qual os limites dessa liberdade sejam especificados e garantidos da maneira mais exata, para que a liberdade de cada um seja consistente com a dos outros. A natureza quer também que a humanidade atinja isto, como todos os fins de sua vocação, por seus próprios esforços. Assim, uma sociedade na qual a *liberdade sob leis externas* está relacionada ao mais alto grau possível, com poder irresistível, isto é, uma *constituição civil perfeitamente justa*, deve ser a meta mais elevada da natureza para a espécie humana, já que é apenas por resolver e concluir esta tarefa que a natureza pode alcançar suas outras metas para a humanidade. É a dificuldade que obriga os seres humanos, que são, de outra maneira, tão encantados com a liberdade irrestrita, a entrar neste estado de coerção. Na verdade, a maior das dificuldades é aquela que os seres humanos infligem uns aos outros, cujas inclinações naturais os tornam incapazes de viver, por muito tempo, juntos em um estado de liberdade selvagem. Somente em um refúgio, como em uma união cívica, é que essas inclinações chegam a produzir o melhor efeito, assim como as árvores em uma floresta, precisamente procurando tomar o ar e a luz de todas as outras ao seu redor, obrigam umas às outras a buscar o ar e a luz acima de si mesmas e, assim, crescem eretas e belas, enquanto aquelas que vivem separadas das demais e brotam seus ramos crescem livremente, mas atrofiadas, tortas e inclinadas. Toda cultura e arte que decoram a humanidade, bem como a sua ordem social mais agradável, são frutos de uma insociabilidade que é forçada por sua própria natureza a disciplinar-se e, assim, a desenvolver plenamente as sementes que a natureza plantou em seu interior por meio de uma arte imposta.

Sexta proposição

Este problema é o mais difícil e também o último a ser resolvido pela espécie humana.

A DIFICULDADE que o simples cogitar da tarefa nos mostra é a seguinte: o ser humano é um *animal* que quando vive entre outros de sua própria espécie *precisa de um senhor.* Isto se dá porque ele, certamente, abusará de sua liberdade em relação aos outros de sua espécie. E mesmo que ele, como criatura racional, queira uma lei que estabeleça limites para a liberdade de todos, suas inclinações animais egoístas o levarão a tratar a si mesmo como uma exceção sempre que puder. Por esta razão, ele precisa de um *senhor* que deterá sua vontade individual e o obrigará a obedecer a uma vontade que seja universalmente válida. Mas onde encontrará este senhor? Em nenhum outro lugar além da espécie humana, claro. Mas este senhor é um animal que precisa ele mesmo, por sua vez, de um senhor. Ele pode, assim, começar da maneira que preferir, mas não é evidente de que modo encontrará uma autoridade suprema da justiça pública que seja, em si, justa se ele busca essa autoridade suprema em uma pessoa individual ou em um grupo de pessoas escolhidas para esse fim. Porque qualquer pessoa sempre abusará de sua liberdade se não tiver outra acima de si que possa impor-lhe o cumprimento das leis. A autoridade suprema deve ser *em si* também um *ser humano.* Esta tarefa é, portanto, a mais difícil de todas. Na verdade, sua solução perfeita é impossível: nada de inteiramente reto pode ser formado a partir da madeira torta da qual é feita a humanidade. A natureza tem nos imposto apenas a aproximação a essa ideia.[5] Que esta tarefa será também a última a ser realizada decorre do fato de que os conceitos corretos a respeito da natureza de uma constituição possível exigem uma grande experiência prática em assuntos do mundo, e, acima de tudo isso, uma *boa vontade* disposta a aceitar tal constituição. No entanto, a combinação destes três elementos é muito difícil e só pode ocorrer apenas no final, depois de muitas tentativas inúteis.

Sétima proposição

*O problema da instituição de uma constituição civil perfeita depende, por sua vez, do problema de uma **relação jurídica externa entre os estados** e não pode ser resolvido sem que este tenha sido primeiro resolvido.*

De que adianta trabalhar para estabelecer uma constituição civil e jurídica que abarque os indivíduos, isto é, organizar uma *comunidade*? A mesma insociabilidade que tinha obrigado os seres humanos a exercerem essa comunidade também é a razão de que cada comunidade, nas suas relações externas, ou seja, como um estado entre estados, existe em liberdade sem restrições e, consequentemente, que os estados devem esperar o mesmo mal de outros estados que ameaçam os indivíduos e os obrigam a entrar em uma condição civil jurídica. A natureza, desse

---

5 [N. T.]: O papel da Humanidade é, portanto, muito artificial. Não sabemos como se dá com os habitantes de outros planetas e sua natureza, mas se nós cumprirmos esta tarefa que a natureza bem nos impôs, então, podemos muito bem ser capazes de nos orgulharmos de que podemos reivindicar um lugar entre os nossos vizinhos do universo. Talvez no caso deles um indivíduo seja capaz de atingir plenamente o seu destino dentro de seu tempo de vida. Em nosso caso é diferente: apenas a espécie como um todo pode esperar por isso.

modo, mais uma vez usou a belicosidade da humanidade, mesmo as das grandes sociedades e órgãos políticos desta espécie, a fim de inventar, através do seu *antagonismo* inevitável, um estado de paz e segurança. Quer dizer, através de guerras, através da preparação excessiva e incessante para a guerra, através da angústia resultante que todos os estados, mesmo em tempos de paz. Em última análise, todos devem sentir internamente que a natureza leva a humanidade a fazer, inicialmente, tentativas imperfeitas, mas, finalmente, após as devastações da guerra, após as quedas e depois até mesmo do esgotamento completo dos seus poderes internos, [a natureza] impele a humanidade a dar o passo que a razão poderia ter dito a ela para tomar sem todas essas lamentáveis experiências: a abandonar o estado anárquico de selvageria e entrar em uma federação de povos. Nesta federação, cada estado, até mesmo o menor deles, poderia esperar sua segurança e seus direitos, não em virtude de seu próprio poder ou como consequência de seu próprio juízo jurídico, mas sim e unicamente em virtude dessa grande federação dos povos (*Foedus Amphictyonum*),[6] a partir de um poder de união e da decisão baseada nas leis da vontade unificada. Por mais que esta ideia possa parecer entusiástica e até tomada como ridícula como nos casos do *Abade São Pierre* ou *Rousseau* (talvez porque acreditassem que sua realização estivesse muito próxima); é, não obstante, o resultado inevitável do sofrimento ao qual os seres humanos submetem uns aos outros o que obriga os estados a tomarem precisamente a mesma decisão (por mais difícil que possa ser para eles) que o indivíduo selvagem, ainda que com relutância, foi forçado a fazer: desistir de sua liberdade bruta e buscar a

---

6 Liga Anfictiônica: uma associação de cidades vizinhas na antiga Grécia, instituída para a proteção de um centro religioso. A mais importante delas estava relacionada ao Templo de Apolo em Delfos.

paz e a segurança em uma constituição jurídica. – Consequentemente, todas as guerras são outras tantas tentativas (certamente não nas intenções da humanidade, mas sim nas da natureza) de estabelecer novas relações entre os estados e mediante a destruição ou, pelo menos, o fracionamento de todos, formar novos órgãos políticos, que, por sua vez, também não podem se manter em si mesmos junto aos demais e precisam sofrer, forçosamente, novas revoluções semelhantes; até que, finalmente, por um lado, por uma melhor organização da constituição civil interior, e, por outro lado, através de um acordo e legislação comuns, se consiga erigir um estado que, análogo a uma comunidade civil, seja possível manter-se a si mesmo como um *autômato*.

[Há três questões a se considerar aqui:] Se se deve esperar que, através de um concurso epicureu[7] das causas eficientes, os estados, assim como as diminutas partículas de matéria, através de colisões aleatórias, criarão todos os tipos de formações que são, por sua vez, destruídas com outro impacto, até que, finalmente, uma formação seja criada, *por acaso*, que possa manter a sua forma (uma feliz coincidência, que é improvável que ocorra!); ou dever-se-ia supor que a natureza procura um curso regular a este respeito e, gradualmente, leva a nossa espécie do nível mais baixo da natureza animal ao mais alto da humanidade e isso por sua própria arte (uma arte que a natureza obriga a humanidade a inventar) e desenvolve, neste arranjo aparentemente desordenado, as predisposições originais de uma forma totalmente regular, ou se se deve, em vez de assumir que nada, pelo menos nada sensato, resulta de todas essas ações e reações da humanidade em geral, que

---

7 [N. T.]: Epicuro (341-270 a.C.), filósofo grego antigo agora conhecido principalmente por sua ética, mas também um importante atomista cuja teoria física incluía a alegação de que o universo é feito de átomos que estão em movimento perpétuo e que formam e dissolvem os corpos compostos enquanto colidem e rebatem.

deverá ser sempre como sempre foi, e que não é possível saber antecipadamente se a discórdia, que é uma característica natural de nossa espécie, está, em última análise, nos preparando para um inferno de males, por mais civilizada que nossa condição possa se tornar mais tarde, talvez pela destruição desta mesma condição civilizada e todos os avanços da cultura feitos até agora por meio de uma bárbara devastação (um destino que ninguém poderia resistir se fosse governado pelo acaso, que é, na verdade, o mesmo que o estado de liberdade anárquica, a menos que assumamos que essa liberdade seja secretamente guiada pela sabedoria da natureza); estas três perguntas se resumem aproximadamente à questão de saber se é razoável assumir que a ordem da natureza é *intencional* em suas partes, mas *não intencional* como um todo. A condição não intencional de selvageria, em que todas as predisposições naturais de nossa espécie estão intocadas, posteriormente, obrigou a nossa espécie, por meio dos males a que esta condição a sujeita, a sair deste estado e entrar em uma constituição civil, em que todas aquelas sementes seriam capazes de desenvolver. O mesmo vale para a liberdade bárbara dos estados já estabelecidos: através da utilização de todos os recursos da comunidade para se armar para a guerra contra os outros, através das devastações da guerra, mas mais ainda pela necessidade de permanecer constantemente preparados para a guerra, o progresso em direção ao pleno desenvolvimento de nossas predisposições naturais é dificultado, mas os males que surgem disto, por sua vez, obrigam a nossa espécie a descobrir uma lei de equilíbrio em relação à própria resistência produtiva entre muitos estados que decorre de sua liberdade, e introduzir um poder unificado, que empreste vigor a esta lei. Uma condição cosmopolita de segurança pública é, desse modo, introduzida, a qual não está completamente livre de *perigo*, de modo que os poderes da humanidade não adormeçam, mas também não sem um princípio de *igualdade* de suas mútuas *ações e reações*, de modo que não destruam uns aos outros. Antes que se dê este último passo (a constituição de uma federação de estados), ou seja, quase metade de seu desenvolvimento, a natureza humana padecerá dos males mais graves sob a aparência enganosa de prosperidade; e Rousseau não estava totalmente equivocado ao preferir o estado dos selvagens[8] se nos esquecemos do último passo que nossa espécie ainda tem a dar. Tornamo-nos cultos em grande medida pelas artes e ciências. Somos *civilizados* em excesso em todas as formas de cortesia e decoro sociais. Mas para que possamos nos considerar já totalmente *moralizados* ainda nos falta muito. Porque a ideia de moralidade faz parte da cultura. Mas o uso dessa ideia, que leva apenas àquilo que se assemelha à moralidade no amor à honra e decência exterior, compreende tão somente a mera civilização. Enquanto os estados usarem todos os seus recursos para realizarem seus objetivos vãos e violentos de expansão e, assim, continuarem a prejudicar os lentos esforços de cultivar as mentes de seus cidadãos e até mesmo a reter todo o apoio deles a este respeito, então nada deste tipo pode ser esperado, porque a cultura moral requer um longo processo interno de cada comunidade para educar a seus cidadãos. Todo bem que não se baseia em convicções moralmente boas não é nada mais que pura aparência externa e miséria cintilante. A raça humana provavelmente permanecerá em tal condição até que tenha construído seu caminho para fora deste estado caótico das relações entre os estados da maneira que descrevi.

---

8 Referência ao "Discurso sobre as Ciências e as Artes" de 1750, de Rousseau.

Oitava proposição

*Podemos considerar a história da espécie humana em seu conjunto como a realização de um plano oculto da natureza, para a consecução de uma constituição estatal interiormente perfeita e, **para esse efeito**, também exteriormente, como a única condição em que a natureza pode desenvolver plenamente todas as predisposições da humanidade.*

Esta proposição decorre da anterior. Vê-se que a filosofia pode, também, ter suas crenças *milenaristas*, mas de modo que, para sua introdução, sua ideia, ainda que só de muito longe, possa promover a sua realização, ou seja, a menos fantasiosa possível. Tudo o que importa agora é saber se a experiência pode descobrir alguma evidência deste processo intencional na natureza. Proponho que ela pode descobrir muito *pouco*. Porque este ciclo parece exigir muito tempo para ser concluído que, nos baseando na pequena parte que compreende o progresso da humanidade até agora nessa direção, é-nos muito difícil determinar o formato de seu curso geral e a relação entre suas partes e o todo, como se tentássemos traçar o curso que o Sol faz com todo seu exército de satélites dentro do grande sistema de estrelas fixas com base em todas as observações astronômicas feitas até agora; ainda que, em razão da constituição sistemática da estrutura do universo e também do pouco que se tem observado, podemos concluir com segurança suficiente a realidade de semelhante órbita. Enquanto isso, a natureza humana é de tal modo que não pode ficar indiferente, mesmo levando em consideração a época mais remota que afetará a nossa espécie se pode ter a certeza de que chegará. Especialmente em nosso caso tal indiferença é tanto menos possível, pois parece que seríamos capazes, por meio de nossos próprios projetos racionais, de apressar a chegada deste ponto no tempo, que será um tempo feliz para nossos descendentes. Por esta razão, mesmo os fracos sinais de que estamos nos aproximando deste ponto no tempo são muito importantes. Os estados estão agora em tão delicada relação entre si que nenhum pode perder sua cultura interna sem perder poder e influência sobre os demais. Assim, mesmo que o progresso não esteja garantido, pelo menos a preservação deste propósito da natureza está muito bem protegido mesmo através das intenções ambiciosas desses estados. Além disso, as liberdades civis dificilmente podem ser invadidas sem efeitos negativos em todos os setores, principalmente no comércio, o que também levaria a uma diminuição dos poderes do estado em suas relações externas. Mas essas liberdades aumentam gradualmente. Se se impede o cidadão de exercer o seu próprio bem-estar da maneira que lhe aprouver, desde que essa busca seja coerente com a liberdade de outros, dificulta-se a vitalidade de toda a empresa e, consequentemente, diminui os poderes do todo. Por esta razão, as limitações nas atividades pessoais são cada vez maiores e a liberdade geral de religião estendidas. Dessa forma, apesar da tolice e do capricho que aparecerá ocasionalmente, o *iluminismo* surge como um grande bem, um dos quais a raça humana deve preferir ao invés dos desejos egoístas de expansão de seus mestres, desde que compreenda seus próprios interesses. Mas este iluminismo e com ele certo compromisso sincero com o bem que a pessoa esclarecida que o compreende perfeitamente não pode evitar, tem que fazer o seu caminho gradualmente até o trono e até mesmo cobrar influência sobre seus princípios de governo. Embora, por exemplo, os governantes de nosso mundo não disponham de dinheiro de sobra para as instituições de ensino público ou mesmo para qualquer coisa que tenha em mente o aprimoramento do mundo, já que tudo é atribuído antecipadamente às guerras do futuro, no entanto, eles descobrirão que é de seu próprio interesse, pelo menos, não impedir os esforços, por mais fracos e lentos que sejam, de seus povos a este respeito. Em última análise, a guerra propriamente dita não só se tornará uma iniciativa artificial, ou algo de resultado muito incerto para ambas as partes, mas também o pós-dores que o estado sofre por causa da guerra, através da carga crescente de dívida (uma nova invenção), a amortização da qual se perde de vista; acrescente-se a isso a influência de toda comoção de um estado, graças à densa rede que sobre esta parte do mundo em que vivemos estendem as indústrias, exerce sobre os demais, e de uma maneira tão sensível, que estes, sem nenhuma referência legal em que se apoiar, oferecem-se como árbitros, preparando-se assim de longe para um futuro um grande corpo político o qual o mundo jamais viu. Ainda que este órgão político exista atualmente apenas de uma forma muito grosseira e rudimentar, é como se um sentimento começasse a se fazer sentir entre todos os membros que têm interesse na preservação do todo. E isso nos dá a esperança de que, após uma série de revoluções estruturais, esta natureza tem como objetivo maior uma *condição cosmopolita* universal, que pode vir a existir como o seio do qual todas as predisposições originais da espécie humana são provenientes.

NONA PROPOSIÇÃO

Uma tentativa filosófica de descrever a história universal do mundo, segundo um plano da natureza, que visa à perfeita união cívica da espécie humana deve ser considerada como possível e até mesmo promover essa intenção da natureza.

NA VERDADE, é uma abordagem estranha e aparentemente incoerente querer contar uma *história* de acordo com uma ideia de como o curso do mundo teria de progredir se fosse adequada para certos objetivos racionais; pode parecer que tal projeto pudesse render apenas um *romance*. No entanto, é possível supor que a própria natureza não progride sem um plano e intenção final mesmo no exercício da liberdade humana, então esta ideia poderia se tornar realmente útil; e apesar de sermos muito míopes para compreender o mecanismo secreto de organização da natureza, essa ideia pode, contudo, servir como um fio condutor com o qual descrevemos, de outra forma, um *agregado* sem plano de atividades humanas, pelo menos em geral, como um *sistema*. Porque se começamos com a história *grega* – através da qual toda história antiga ou contemporânea foi passada para nós, ou pelo menos devem ser certificadas;[9] caso seja traçada até nosso tempo sua influência na forma-

---

[9] Apenas um *público educado* que tenha existido sem interrupção desde o seu início até o presente pode certificar a história antiga. Qualquer coisa além disso é *terra incógnita* [território desconhecido]. E a história dos povos que existiam fora desta classe só pode ser iniciada a partir do momento em que entram em contato com ela. Isso é o que aconteceu com o povo *judeu* na época dos Ptolomeus, graças à tradução grega da Bíblia, sem a qual seria concedida pouca credibilidade aos seus próprios relatos que estavam isolados. De agora em diante (desde que este ponto tenha sido previamente determinado de maneira adequada) pode-se indagar o passado através de suas narrativas. É o mesmo acontece com todos os outros povos. A primeira página de Tucídides (diz Hume) é o princípio único de toda a história real.

ção e deformação do estado *romano* que engoliu o estado grego, e a influência romana sobre os *bárbaros*, que por sua vez o destruiu, e se *episodicamente* acrescenta a esta a história dos estados de outros povos, o conhecimento dos quais, gradualmente, nos chegou, episodicamente, destas nações esclarecidas: então se descobrirá um curso regular de aperfeiçoamento na constituição estatal em nossa parte do mundo (que é susceptível de proporcionar a todos os outros as leis em algum momento futuro). Se, por outro lado, presta-se atenção à constituição civil e às suas leis e às relações estatais, na medida em que ambos servem, por certo período de tempo, para elevar e exaltar os povos (e com eles as artes e as ciências), através do bem que continham, mas que, devido às falhas neles contidas, por sua vez entrou em colapso, embora de tal maneira que uma semente de iluminação sempre se manteve e se desenvolveu posteriormente através de cada revolução e preparou uma subsequente, em um estágio ainda mais aprimorado: então eu acreditarei, assim, descobrir um fio condutor que sirva não só para explicar o complicado jogo dos acontecimentos humanos, nem mesmo para uma arte política de adivinhação de futuras mudanças políticas (um benefício que já se derivou da história humana, apesar de considerá-lo como um efeito desconectado de um exercício descontrolado da liberdade!). Em vez disso, esse exame revelará uma visão consoladora sobre o futuro, em que a espécie humana é, por fim, representada em um ponto remoto no futuro distante, onde finalmente trabalhará para a condição em que toda semente que a natureza plantou dentro dela possa ser plenamente desenvolvida e sua vocação aqui na Terra possa ser realizada (algo que não se pode razoavelmente esperar sem pressupor um plano da natureza). Essa *justificação* da natureza, ou melhor, da *providência*, não é motivação insignificante para a escolha de um determinado ponto de vista quando em relação ao mundo. Porque o bem a faz para louvar a magnificência e a sabedoria da criação no reino não-racional da natureza e para recomendar sua contemplação, se ali permanecer a constante objeção, contra a parte do grande teatro da sabedoria suprema que contém o propósito de tudo isto – a história da espécie humana – a visão do qual nos obriga a relutantemente desviar nossos olhos dele e, com receio de jamais encontrar nele um objetivo racional completo, levar-nos à esperança de encontrá-lo somente no outro mundo?

Seria uma má interpretação da minha intenção presumir que eu quereria suprimir os relatos da história real que são mera e empiricamente baseados nesta ideia de uma história do mundo, que, em certo sentido, tem um fio condutor *a priori*. É apenas um pensamento sobre o que mais uma mente filosófica (que, aliás, deve estar amplamente familiarizada com a história) poderia tentar de outra perspectiva. Além disso, o rigor de outra forma notável com o qual descreve momentaneamente a história de seu tempo deve, naturalmente, suscitar a seguinte questão a todos: como é que nossos descendentes carregarão o fardo da história que gostaríamos de lhes deixar depois de alguns séculos? Sem dúvida, eles terão em estima a história dos tempos mais antigos, os documentos dos quais provavelmente há muito terão desaparecido, apenas do ponto de vista do que lhes interessa, ou seja, do que os povos e os governos terão feito a favor ou contra, a partir de um ponto de vista cosmopolita. Levar isso em conta e, ao mesmo tempo, ter em mente o desejo de honra que os chefes de estado e seus funcionários possuem, para que possam ser direcionados ao único meio que irá garantir que eles sejam considerados louváveis para eras futuras, pode nos proporcionar um *pequena* motivação para a tentativa de uma história filosófica.

TERCEIRA PARTE

PROVÁVEL INÍCIO DA HISTÓRIA HUMANA

CERTAMENTE É ADMISSÍVEL *INTERPOR* ESPECULAÇÕES NO ÂMBITO DE UM RELATO HISTÓRICO A FIM DE PREENCHER AS LACUNAS OFERECIDAS PELAS INFORMAÇÕES, já que o que vem antes destas lacunas, a causa remota, e o que vem depois delas, o efeito, podem fornecer um meio razoavelmente certo de descobrir as causas intermediárias, tornando assim a transição dentro do relato algo inteligível. Mas a criação de um relato histórico inteiramente fora de especulações não parece muito melhor do que a elaboração do plano de um romance. Na verdade, esse relato dificilmente poderia ser chamado de *história provável,* mas antes e apenas uma história *fabricada*. – Mas o que não pode aventurar-se no que diz respeito à progressão da história das ações humanas pode certamente ser tentado em relação às suas *origens*, na medida em que a natureza produz esse começo. Porque este começo não precisa ser fabricado, mas pode ser derivado da experiência se se assume que essa experiência não era melhor ou pior em sua origem do que é presentemente. Tal suposição está de acordo com a analogia da natureza e é totalmente seguro fazê-la. Um relato do início do desenvolvimento da liberdade desde sua predisposição original na natureza humana é, portanto, algo inteiramente diferente do que um relato histórico da evolução dessa liberdade, um relato que só pode ser baseado em informações históricas.

No entanto, as especulações não podem proclamar suas pretensões em nosso assentimento. Elas não podem pretender ser algo sério, mas antes ser apenas um exercício que se consente à imaginação, acompanhado da razão, para recreação e saúde da mente. Assim, não se podem comparar com o relato histórico que é apresentado e acreditado como um relato real do mesmo evento e cuja verificação é baseada em razões completamente diferentes das da mera filosofia da natureza. É precisamente por esta razão, e porque estou me aventurando em uma viagem por puro prazer aqui, que espero ser favorecido com a permissão de utilizar um documento sagrado como o meu roteiro e também imaginar que o caminho que devo tomar com a ajuda da imaginação, embora não sem um fio condutor conectado à experiência pela razão, corresponde precisamente ao mesmo caminho estabelecido historicamente nesse texto. O leitor pode abrir este documento (Gênesis 2-6) e verificar passo a passo se o caminho que a filosofia segue com seus conceitos coincide com o caminho estabelecido pela história.

Se não quisermos nos perder em suposições, então é preciso começar com aquilo que não pode ser derivado da razão humana a partir de causas naturais precedentes: ou seja, a *existência do ser humano*. É necessário começarmos com o ser humano, e para sermos mais precisos, como um *adulto completamente desenvolvido*, já que deve prescindir da assistência materna; é preciso começar com um *casal*, de modo que a espécie se propague; e deve-se começar com *um* casal, para que a guerra não irrompa imediatamente como quando os seres humanos vivem em proximidade e ainda são estranhos uns aos outros; e também para que a natureza não seja acusada de ter negligenciado, ao permitir essa diversidade na ancestralidade, de proporcionar do modo mais adequado para a sociabilidade na espécie o destino máximo do homem. A origem comum de todos os seres humanos a partir de uma única família foi, sem dúvida, o melhor arranjo para isso. Colocarei esse casal em um lugar que é seguro contra a agressão de predadores e que é abundantemente suprido pela natureza com todos os meios de subsistência, em um *jardim*, por assim dizer, em um clima permanentemente ameno. Além disso, considerarei o ser humano somente depois de ter feito progressos consideráveis ao aperfeiçoar suas habilidades no uso de suas competências naturalmente dadas, e não começarei com o ser humano em sua completa brutalidade, porque ao me esforçar para preencher esta lacuna entre esses dois pontos, o que presumivelmente se estenderia por um período de tempo prolongado, poderia levar o leitor a muitas especulações, mas a poucas probabilidades. O primeiro ser humano foi, assim, capaz de ficar de pé e andar. Foi capaz de falar (Gênesis 2:20)[10] e se comunicar,

---

10 Deve ter sido o *desejo de comunicar* que motivou o primeiro ser humano, que ainda estava sozinho, a proclamar a sua existência aos outros seres vivos, principalmente àqueles que fazem um som que ele pode imitar e que mais

ou seja, expressar-se através da utilização de conceitos coerentes (v. 23) e, consequentemente, de *pensar*. Todas estas são as habilidades que o ser humano teve que adquirir por si mesmo (pois se fossem inatas, elas também seriam repassadas; uma suposição contrariada pela experiência). Mas assumirei o ser humano como já em posse destes atributos, simplesmente para que seja possível considerar o desenvolvimento da decência e da moral em suas atividades, algo que pressupõe necessariamente as habilidades acima.

No início, o homem inexperiente deve ter sido levado apenas pelo instinto, essa *voz de Deus* que todos os animais devem obedecer. O instinto permitiu-lhe encontrar certas coisas para nutrição e proibiu-lhe outras (Gênesis 3:2-3). – Mas não é necessário presumir que fosse um instinto especial, uma vez perdido, que serviu a este fim. Pode ter sido simplesmente o sentido do olfato e sua afinidade com o órgão do paladar, juntamente com a simpatia bem conhecida deste último com os órgãos digestórios, em outras palavras, uma habilidade que ainda podemos perceber hoje para detectar com antecedência a adequação ou inadequação de alimentos para o consumo. Com efeito, não se pode presumir que este sentido fosse algo mais preciso no primeiro par de seres humanos do que é agora, pois é bem sabido que a diferença nos poderes perceptivos pode ser encontrada entre aqueles que estão ocupados apenas com seus sentidos e aqueles que também estão ocupados com seus pensamentos, mas que estão, por isso mesmo, afastados de suas sensações.

---

tarde pode servir como um nome. Um efeito similar desse impulso pode ser visto em crianças e pessoas irrefletidas que, através de seu zumbido, grito, assobio, canto e outras atividades ruidosas (e muitas vezes também encontros deste tipo), perturbam a parte reflexiva da comunidade. Porque não vejo outra razão motivadora para o seu comportamento que o desejo de tornar a sua existência largamente conhecida.

Enquanto o ser humano inexperiente obedecia a este chamado da natureza, tudo estava bem com ele. No entanto, a *razão* logo começou a despertar e procurou, por meio da comparação, o que lhe foi apresentado como semelhante aos alimentos por um sentido diferente daquele ao que o instinto estava limitado, digamos que pelo sentido da visão, a estender seu conhecimento dos gêneros alimentícios para além dos limites do mero instinto (3:6). Ainda que não fosse aconselhado pelo instinto, este experimento, com sorte, poderia ter sido bom, contanto que não contradissesse o instinto. Mas é uma peculiaridade da razão que, ajudada pela imaginação, pode inventar desejos não só *sem* uma vontade correspondente e natural, mas até mesmo *contrária* a ela. No início tais desejos são chamados de *concupiscência*, mas, por fim, geram uma série de inclinações desnecessárias e até mesmo antinaturais aos quais aplicamos o termo luxúria. O que ocasionou a deserção dos desejos naturais pode ter sido uma ninharia, mas o resultado do primeiro experimento, ou seja, tornar-se consciente da própria razão como uma faculdade que pode estender-se para além dos limites aos quais todos os animais estão confinados, foi muito importante e decisivo para o modo de vida. Talvez tenha sido apenas um fruto, a visão do qual o convidou, através de sua similaridade com outros frutos agradáveis que já tinham sido provados, que o levou a experimentá-lo. Ou talvez um animal cuja natureza fosse adequada para o consumo deste fruto também tenha fornecido um exemplo para ele, a quem, no entanto, tal consumo teve um efeito oposto e nocivo, e foi, consequentemente, resistido por um instinto natural. Mas isso foi suficiente para dar ocasião à razão de fazer mal à voz da natureza (3:1) e, apesar de seus protestos, fez o primeiro experimento por livre escolha, uma experiência que, como a primeira, provavelmente não saiu como o planejado. Por mais insignificante que o prejuízo causado possa ter sido, foi o bastante para abrir aos olhos do ser humano (v. 7). Este descobriu em si uma capacidade de escolher, um modo de vida para si e não, como os outros animais, a ficar limitado a somente um único modo. O prazer momentâneo causado por perceber essa vantagem deve ter sido seguido por ansiedade e medo de como ele, ainda não tendo conhecido nada de acordo com seus traços ocultos e os efeitos remotos, deveria proceder com a sua habilidade recém-descoberta. Ele estava à beira de um abismo, por assim dizer. Porque enquanto o instinto o tinha até então dirigido aos objetos individuais de seu desejo, uma infinidade de objetos, agora, se apresentavam para ele, dentre os quais ele ainda não sabia como escolher. Contudo, uma vez que provou o gosto deste estado de liberdade foi-lhe impossível voltar ao estado de servidão (ao domínio do instinto).

Depois do instinto de nutrição, por meio do qual a natureza preserva a cada indivíduo, o *instinto do sexo* é o mais importante, por meio do qual a natureza preserva a cada espécie. Tendo agora despertado pela primeira vez, a razão não deixou de exercer a sua influência sobre o instinto. O ser humano logo descobriu que o apelo do sexo, que nos animais é baseado em estímulos que são apenas temporários e na maior parte periódicos, poderia ser prorrogado e até mesmo aumentado através de sua imaginação, que o obrigava, com certeza, com mais moderação, mas também de uma forma mais permanente e consistente quanto mais o objeto fosse *retirado dos sentidos*. E desta forma o ser humano não se cansou dele, evitando assim o tédio que a satisfação meramente animal traz consigo. Daí a folha de figueira (v. 7) foi o produto de uma expressão muito maior da razão do que tinha se mostrado na primeira fase de seu desenvolvimento. Porque converter uma inclinação em algo mais intenso e duradouro retirando seu objeto dos sentidos já mostra a consciência de um certo grau de domínio da razão sobre os instintos, e não apenas, como no primeiro passo, a capacidade de servir a este último em maior ou menor grau. A *recusa* foi o ato por meio do qual os estímulos que eram apenas sensuais foram convertidos naqueles que eram dependentes das ideias. O mero desejo animal foi sendo convertido em amor e, com isso, o sentimento de mero prazer foi convertido em gosto pela beleza, inicialmente apenas no ser humano, mas depois também na natureza. A *decência*, uma inclinação a inspirar o respeito dos outros para com nossa pessoa por meio de boas maneiras (o esconderijo de onde surgiria o desprezo), como a base real de toda verdadeira sociabilidade, foi o primeiro sinal para o desenvolvimento do ser humano como uma criatura moral. – Um pequeno começo, mas que é marcante à medida que muda completamente o sentido do pensar, é mais importante do que toda a série incalculável de posterior expansão da cultura.

O terceiro estágio da razão, depois de ter se misturado com as necessidades imediatamente sentidas, foi a *antecipação consciente do futuro*. Esta capacidade de desfrutar não apenas o momento atual na vida, mas também de representar o futuro para si mesmo, muitas vezes com grande antecedência, é a marca mais distintiva da capacidade do ser humano de preparar-se para fins distantes, de acordo com seu destino. Mas é também a principal e inesgotável fonte de preocupação e angústia despertada pela incerteza do futuro, algo do qual todos os animais são livres (vv. 13-19). O homem que deve fornecer o alimento para si próprio, sua esposa e seus futuros filhos previu a arduidade cada vez maior de seu trabalho. A mulher previu as tribulações às quais a natureza havia submetido seu sexo e, além disso, aqueles aos quais o sexo mais forte a submeteu. E também, ambos previram com temor, no fundo do quadro, aquilo com que, com certeza, inevitavelmente se deparam todos os animais, ainda que não cause qualquer preocupação a estes, ou seja, a morte, após uma vida de labuta. Assim, lhes pareceu melhor rejeitar e transformar em crime o uso da razão que causou todos esses males que se abateram sobre eles. Viver através de seus descendentes, que talvez tivessem melhor sorte, ou até mesmo como membros de uma família poderia amenizar suas dores, talvez tenha sido a única perspectiva consoladora que receberam seus corações (vv. 16-20).

O quarto e último estágio, por meio do qual a razão elevou completamente o ser humano acima de sua sociedade com os animais, foi que ele entendeu (ainda que vagamente) que ele era realmente *a finalidade da natureza*, e que nada que vivia sobre a Terra poderia competir com ele nesse sentido. A primeira vez que ele disse à ovelha *"o casaco que você veste foi-lhe dado pela natureza não para você, mas para mim"*, e despiu-a deste casaco e colocou-o em si (v. 21), tornou-se consciente de um privilégio que, em virtude de sua natureza, tem sobre todos os animais. Agora já não os via mais como seus companheiros na criação, mas sim como meios à disposição de sua vontade e como ferramentas para atingir quaisquer fins escolhidos. Essa visão das coisas implica também (embora vagamente) outro pensamento: o de que ele não poderia dizer tal coisa a outro *ser humano*, mas que deveria, antes, considerá-lo como copartícipe nos dons da natureza. Isto é, primeiramente, uma preparação antecipada às limitações às quais a razão posteriormente o sujeitaria com relação aos demais e que é muito mais necessária do que a afeição e o amor para o estabelecimento da sociedade.

E assim o ser humano tornou-se *igual a todos os seres racionais*, não importando sua posição (3:22), à medida que todos os seres racionais podem reivindicar *ser um fim* e, assim, serem considerados como tais pelos demais seres racionais e não serem usados por qualquer outro como um mero meio para fins de outros. Nisto, e não em razão de como isso é usado apenas para satisfazer diversas inclinações, encontra-se a base para a igualdade plena do ser humano mesmo estando com seres superiores que poderiam até ultrapassá-lo em seus dons naturais, mas nenhum dos quais teria, por isso, o direito de usá-lo por mais que pudessem entender. Este estágio é, portanto, juntamente com o seu ser *liberado* do seio da natureza, uma mudança que é ao mesmo tempo honrosa e perigosa, à medida que o conduz para fora da condição inofensiva e segura da infantilidade, para fora, por assim dizer, de um jardim que o abrigava, sem qualquer esforço de sua parte (3:23) e o empurra para o mundo, onde tantas preocupações, problemas e males desconhecidos o aguardavam. A partir deste momento a arduidade da vida lhe trará o desejo de um paraíso, uma criação da sua imaginação em que ele possa descansar em calma inatividade, paz perpétua e sonho para desperdiçar sua existência. Mas entre ele e este oásis de felicidade, sua razão inquieta, que irresistivelmente o impele a desenvolver as habilidades que carrega consigo, não permitirão que ele retorne a este estado de brutalidade e ingenuidade do qual já o retirou (3:24). Ela o impele a aceitar pacientemente o penoso esforço, que o aborrece, a buscar o trabalho, que deprecia, e a esquecer da própria morte, que tanto o assusta, por todas as futilidades cuja perda teme ainda mais.

Observação

A partir desse quadro da história primeva da humanidade resulta que o surgimento do ser humano desde o paraíso, que a razão lhe apresenta como a primeira morada de sua espécie, nada tinha sido senão a transição da brutalidade de uma criatura meramente animal para a humanidade, das rédeas do instinto à direção da razão, numa palavra, da tutela da natureza para o estado de liberdade. Se o ser humano ganhou ou perdeu com essa mudança não tem importância no que se refere à vocação de sua espécie que consiste apenas no *progresso* rumo à perfeição, por mais falhas que tenham sido as primeiras tentativas de alcançar este objetivo, e ainda que tenha sido necessária uma longa série de tentativas. No entanto, esta transição, que para a espécie é o *progresso* do pior para o melhor, não é a mesma para o indivíduo. Antes que a razão o despertasse, não houve nem comando nem proibição e, portanto, nenhuma transgressão. Mas tão logo a razão começasse a despertar, por mais fraca que fosse, passou a conviver com a natureza animal em toda a sua força, e surgiram os males, e, o que é pior, com o cultivo da razão surgiram os vícios que eram completamente estranhos ao estado de ignorância e, consequentemente, ao estado de inocência.

Assim, o primeiro passo para sair deste estado foi, do lado moral, uma *queda*. Do lado físico, uma série de males nunca antes conhecidos na vida, consequentemente, a punição foi o resultado dessa queda. A história da *natureza* começa, portanto, com o bem, pois é a *obra de Deus*. A história da *liberdade* começa com o mal, pois é a *obra do ser humano*. Para o indivíduo que, nesse uso de sua liberdade não olha senão para si mesmo, essa mudança foi uma perda. Para a natureza, que define seu fim para o ser humano na espécie, foi um ganho. O primeiro, portanto, tem motivo para atribuir a si todos os males que sofre e todos os males que perpetra à sua própria culpa, mas também como membro de um todo (da espécie), o indivíduo tem motivo para admirar e louvar a sabedoria e a intencionalidade dessa ordem. Desse modo, pode-se conciliar entre si e com razão aquelas afirmações aparentemente contraditórias de J. J. Rousseau[11] que foram com frequência mal interpretadas. Em seu livro sobre a *influência das ciências* e no qual se ocupa da *desigualdade entre os homens*, ele demonstra muito acertadamente o conflito inevitável da cultura com a natureza da raça humana em sua condição de espécie *física* em que cada indivíduo teria que alcançar inteiramente seu destino. Mas em seu *Emílio*, no *Contrato Social* e em outros escritos ele procura resolver os mais difíceis problemas de como a cultura deve progredir de tal forma que as capacidades da humanidade, considerada como uma espécie *moral*, deve desenvolver-se adequadamente em direção ao seu destino, para que este não entre mais em conflito com a primeira como uma espécie natural. É a partir deste conflito (já que a cultura, de acordo com os verdadeiros princípios *da educação*, tanto como ser humano quanto cidadão, talvez não tenha nem mesmo começado, muito menos concluído), que surgem todos os vícios que a desonram[12] e todas as verdadeiras

---

11 [N. T.]: Jean-Jacques Rousseau (1712-78). O título completo do Primeiro Discurso é: "Discurso Vencedor do Primeiro Prêmio da Academia de Dijon no ano de 1750. Sobre as seguintes questões propostas pela Academia: O surgimento da Ciência e das Artes contribuiu para o aprimoramento da moralidade?" O título completo do Segundo Discurso é: "Discurso sobre a Origem e Fundamentos da Desigualdade entre os Homens" (1755). Em Jean-Jacques Rousseau: "Discours qui a remporte le prix a l'academie de Dijon en l'annee 1750. Sur cette question propose par la meme Academie: Si le retablissement des sciences et des arts a contribue a epurer les moeurs" e "Discours sur l'origine et les fondements de l'inegalite parmi les hommes." O livro mencionado é *Émile ou de l'éducation* e *Du contrat social ou Principes du droit politique*, ambos publicados em 1762.

12 Para citar apenas alguns exemplos deste conflito entre a luta da humanidade para obter, por um lado, seu destino moral e, por outro, o cumprimento invariável das leis que regem a condição animal e inculta na natureza humana, relatarei o seguinte:
A idade da maturidade, ou seja, do desejo, assim como a habilidade de propagar a própria espécie, foi determinada a estar entre os dezesseis e dezessete anos. Esta é uma idade em que a juventude no estado inculto da natureza torna-se literalmente um homem [*Mann*], pois é neste momento capaz de preservar sua própria vida, propagar sua espécie e prover para

sua prole e sua esposa. A simplicidade de suas necessidades torna esta uma tarefa fácil para ele. Na condição de cultura, no entanto, isto exige meios significativos, tanto em termos de habilidade, bem como circunstâncias externas favoráveis, de modo que este período no estado civilizado chega pelo menos uns dez anos mais tarde. No entanto, a natureza não mudou a sua idade de maturidade para coincidir com o progresso do refinamento social, mas tem teimosamente seguido a lei que estabeleceu para a preservação da raça humana enquanto uma espécie animal. Daí surge um mal inevitável mútuo entre os fins da natureza e dos costumes. Pois o ser humano natural [*Naturmensch*] já é em certa idade um homem [*Mann*], quando o ser humano civilizado (que, no entanto, não deixa de ser um homem natural) é ainda jovem, talvez até mesmo uma criança. Por isso é que se poderia chamar aquele que, devido à sua idade (no estado de civilização) não pode prover para si próprio, muito menos para uma família, apesar de ter o impulso e a possibilidade de procriar, ou seja, sinta o apelo da natureza para isso. Porque a natureza, certamente, não colocou instintos e capacidades nos seres vivos para que eles lutassem contra eles e os eliminassem. Assim, esta capacidade não foi ajustada no estado de civilização, mas sim visando apenas à preservação da espécie humana enquanto espécie animal. E o estado de civilização, inevitavelmente, entra em conflito com este último, o que só pode ser resolvido por uma constituição civil perfeita (o fim último da cultura), pois agora o espaço entre elas é geralmente preenchido de vícios e suas consequências, multiplicando a miséria humana.

Outro exemplo da verdade da proposição de que a natureza colocou em nós duas predisposições para dois fins distintos, a saber, da humanidade como uma espécie animal e da mesma como uma espécie moral, é o seguinte: *Ars longa, vita brevis* [a arte (da medicina) é longa, a vida é breve] de Hipócrates. As artes e as ciências podem ser levadas muito mais longe por uma mente que é feita para elas, se chegar ao estado de maturação adequado através da prática e conhecimento adquiridos, do que poderiam por gerações inteiras e sucessivas de estudiosos, se tão somente esta mente vivesse com a mesma força de juventude através do espaço de tempo que é dado a todas estas gerações. No entanto, a natureza tomou a decisão no que diz respeito ao tempo de vida do ser humano a partir de uma perspectiva diferente que a seguida pelas ciências. Porque quando a mente mais feliz está a ponto de fazer as maiores descobertas que se poderia esperar atingir dadas sua habilidade e experiência lhe sobrevém a velhice e se torna torpe e tem que deixar tudo para a outra geração (que começa novamente pelo "abc" e tem que percorrer novamente todo o trajeto que já havia sido feito) a tarefa de acrescentar mais um palmo ao progresso da cultura. O avanço da espécie humana para atingir o seu pleno destino, portanto, parece ser constantemente interrompido e em constante perigo de regredir à brutalidade. E não foi sem razão que o filósofo grego lamentou que "é uma vergonha que se *deva morrer quando apenas se começou a vislumbrar como se deveria ter vivido*".

Um terceiro exemplo pode ser dado pela *desigualdade* entre os homens, e não ainda uma desigualdade de seus dons naturais ou dos meios colocados à sua disposição por acaso, mas sim a desigualdade no *direito humano* universal. Uma desigualdade que Rousseau recrimina com uma grande dose de verdade, mas que não deve ser separada da cultura enquanto esta continua

aflições que pesam sobre a vida humana. Não obstante os estímulos que antecedem o vício e que recebem a culpa nesse caso são bons em si mesmos e intencionais como as predisposições dadas pela natureza. Mas essas predisposições, uma vez que foram ajustadas ao estado de natureza, tornam-se nocivas pelo progresso da cultura e fazem mal a este último até que a arte completa torne-se novamente natureza. Este é o objetivo último do destino moral da raça humana.

FIM DA HISTÓRIA

O INÍCIO do período subsequente foi quando o ser humano surgiu da época de paz e comodidade e entrou na época de *trabalho e discórdia* como um prelúdio à unificação da sociedade. Aqui é preciso que voltemos a dar um grande salto e coloquemos o ser humano já em posse de animais domesticados e de plantas que ele cultivou para sua nutrição ao semear ou plantar (4:2), ainda que seu avanço desde a vida selvagem de caça à posse de animais domesticados, da escavação esporádica de raízes ou da coleta de frutos para a agricultura possa ter acontecido de maneira muito lenta. Aqui é onde começam as lutas entre os seres humanos que tinham até então coexistido pacificamente e a consequência disso foi a sua separação com base na função das

---

sem um plano (o que também é inevitável por um longo tempo), e que a natureza, certamente, não havia destinado ao ser humano, pois uma vez que lhe deu a liberdade e a razão, o ser humano não poderia restringir esta liberdade por meio de outra coisa senão sua própria legalidade universal, uma legalidade externa, para ser mais preciso, que é chamada de *direito civil*. O ser humano deveria fazer seu caminho para fora da brutalidade por meio de suas próprias predisposições naturais, mas tomando o cuidado para não infringi-las. Esta, porém, é uma habilidade que só pode atingir no final da vida depois de muitas tentativas frustradas, e nesse ínterim a humanidade se queixa amargamente dos males que por inexperiência inflige a si mesma.

suas diferentes formas de vida e assim se espalharam por toda a Terra. A *vida pastoral* não é apenas sossegada, mas também oferece a mais segura subsistência, uma vez que a quilômetros de distância não há moradores e não falta o alimento. Comparativamente, a *agricultura* ou o plantio são bastante trabalhosos, uma vez que dependem das variações do clima e, portanto, são incertos. Eles também exigem moradias permanentes, a propriedade da terra e poder suficiente para defendê-las. No entanto, o pastor odeia essa propriedade, uma vez que limita sua liberdade de pastagem. Levando-se em conta a vida que leva, pode parecer que o agricultor tivesse inveja do pastor como mais favorecido pelo céu (v. 4). De fato, o pastor, como vizinho tornar-se-ia um estorvo porquanto o animal que pasta não percebe a diferença da erva e do cultivo. Para o pastor não há nenhum problema, uma vez que pode mover seu rebanho para longe e escapar da responsabilidade, já que não deixa nada para trás que não possa encontrar facilmente em qualquer outro lugar. Por essa razão provavelmente o primeiro a usar a força para impedir que tais danos fossem cometidos tenha sido o agricultor (e como a ocasião não deixaria nunca de acontecer), para não perder os frutos de seu penoso trabalho teve que ir o mais longe possível daqueles que levavam uma vida pastoral (4:16). Esta separação inicia o terceiro estágio.

Um pedaço de terra que, se é para prover a subsistência, deve ser trabalhado e plantado (principalmente no caso das árvores), exige habitações permanentes. A defesa dessas habitações contra danos exige um grupo de pessoas que irão emprestar assistência uns aos outros. Aqueles que viviam da agricultura não poderiam, dessa forma, espalhar-se em famílias isoladas, mas teriam que ficar juntos e fundar aldeias (impropriamente chamadas de cidades), a fim de proteger sua propriedade contra os caçadores selvagens ou hordas de pastores itinerantes. As necessidades primárias da vida, a provisão das quais exige uma *forma de vida diferente* (v. 20), poderiam agora ser trocadas. Isso, inevitavelmente, deu origem à *cultura* e ao início da *arte*, do lazer e da laboriosidade (vv. 21-22). Mas, acima de tudo, uma constituição civil e uma justiça públicas começaram a ser instituídas. Inicialmente esta justiça estava preocupada apenas com os atos mais violentos, e a vingança para estes já não era mais, como no estado selvagem, deixada ao indivíduo, mas antes, ao poder legítimo que mantinha todo o conjunto. Ou seja, foi deixada a um tipo de governo que não estava sujeito a nenhum outro uso da força (vv. 23-24). A partir desse primeiro arranjo brutal toda a arte humana, da qual a arte de *sociabilidade e de segurança civil* é o fruto mais importante, por fim, pôde se desenvolver passo a passo, enquanto a raça humana multiplicava-se e espalhava-se a partir de um centro, como colmeias, enviando colonos aculturados em todas as direções. Nesta época começou também a desigualdade entre os seres humanos, esta rica fonte de tanto mal, mas também de todo o bem, e tornou-se cada vez maior.

Enquanto os pastores nômades, que reconhecem apenas Deus como seu mestre, fustigavam os moradores das cidades e fazendeiros, que tinham a um homem (a autoridade) como seu senhor (6:4)[13] e atacavam como inimigos declarados suas propriedades, sendo, por sua vez, odiados por estes, por isso houve guerra contínua entre eles, ou pelo menos a ameaça constante de guerra, e assim ambos os povos foram, pelo menos no interior, do inestimável bem da liberdade (porque a ameaça de guerra é ainda hoje a única coisa que

---

13 Os *beduínos* árabes ainda se chamam os filhos de um antigo xeique, o fundador de sua tribo (como Haled Beni e outros). Este *šaij* não é de nenhuma maneira seu *senhor* e não pode exercer um poder sobre eles como bem entender. Pois em um povo de pastores qualquer família pode facilmente separar-se da tribo e juntar-se a outra se não gostar de onde está, já que ninguém tem bens imóveis que, assim, possa deixar para trás.

modera um pouco o despotismo, uma vez que a riqueza é necessária para que um estado seja uma potência, e sem *liberdade* não é possível o trabalho que possa produzir essa riqueza. Pelo contrário, de um povo pobre requer-se uma grande participação na conservação do ser comum, o que, por sua vez também não é possível quando as pessoas não se sentem livres em seu interior. Mas, com o tempo, o luxo crescente dos moradores da cidade, acima de tudo a arte de agradar, um assunto que as mulheres das cidades ultrapassam em muito as meninas despenteadas do deserto, deve ter sido uma tremenda atração para os pastores (v. 2) que passaram a ter relações com elas, incorporando-se assim à brilhante miséria das cidades. E aqui, nesta união de dois povos hostis, chega o fim de todas as ameaças de guerra e com ela o fim da liberdade. Porque, por um lado, surgiu o despotismo de poderosos tiranos, no qual, junto com uma cultura apenas incipiente, a suntuosidade sem alma da mais abjeta escravidão se mistura com todos os vícios do estado de barbárie, enquanto a raça humana inevitavelmente desvia-se do caminho do progresso traçado para ela pela natureza, no desenvolvimento das suas disposições para o bem; e assim tornou-se indigno até mesmo de sua existência como uma espécie destinada a governar sobre a Terra e não para satisfazer-se como um animal e a servir como um escravo (v. 17).

Observação final

O homem reflexivo sente uma tristeza, (desconhecida por aquele que não o é) que pode até tornar-se uma corrupção moral. Trata-se da insatisfação com a providência que governa o curso do mundo como um todo, quando ele considera os males que tanto afligem a raça humana com tanta frequência e – ao que parece – sem esperança de algo melhor. Mas é de extrema importância: *contentar-se com a providência* (mesmo que tenha previsto esse caminho tão penoso para nós na Terra), em parte, para que se possa ainda ter ânimo no coração em meio a tantos castigos, e, em parte, a fim de evitar a tentação de responsabilizar o destino, não perdendo de vista nossa própria culpa, que talvez seja a única causa de todos esses males, e para não deixar de procurar ajuda contra eles no autoaperfeiçoamento.

É preciso admitir que os maiores males que afligem aos povos civilizados não são acarretados pela *guerra*, na verdade, não tanto pelas guerras passadas ou presentes, quanto pelos *preparativos* para a próxima, pelo rearmamento ininterrupto e incessantemente fomentado que tem lugar por temor de uma guerra futura. A isso todos os poderes do estado e todos os frutos de sua cultura, que poderiam ser usados para uma cultura ainda maior, são usados para esse fim. A liberdade é prejudicada em muitos lugares e os cuidados maternos do estado para com os indivíduos transformam-se em severas e implacáveis exigências, justificadas, apesar de tudo, pelo temor de ameaças externas. Sendo assim, chegaríamos a esta cultura, que a estreita associação que os diversos estamentos de uma comunidade mantêm para o fomento recíproco de seu bem-estar, com a população e até com o grau de liberdade que ainda resta, embora sob condições muito restritivas, ainda possível se essa tão temida guerra futura não exigisse até mesmo dos chefes de estado este *respeito pela humanidade*? Só é preciso considerar o caso da China, que, devido à sua localização, talvez possa sofrer um ataque ocasional imprevisto e não tem inimigos poderosos a temer, mas que, por essa própria razão, apagou qualquer vestígio de liberdade. Assim, dado o nível cultural em que se encontra a raça humana, a guerra é o meio indispensável de trazer progresso à cultura. E só depois de uma cultura ter se aperfeiçoado (e só Deus sabe quando) poderia uma paz duradoura ser-nos salutar, e só através da cultura isso se tornará possível. Somos, portanto, no que se refere a este ponto, os maiores responsáveis pelos males dos quais tão amargamente nos queixamos. E a Sagrada Escritura está completamente certa ao retratar uma fusão de povos em uma única sociedade e sua libertação completa de ameaças externas como um obstáculo, já que sua cultura mal tinha começado, como um grave impedimento para qualquer avanço cultural posterior e como o estancamento de uma corrupção incurável.

A *segunda insatisfação* dos homens diz respeito à ordem da Natureza com relação à *brevidade da vida*. Certamente, há pouca apreciação do valor da vida quando se deseja que se prolongue ainda mais sua duração efetiva, pois isso suporia apenas o prolongamento de um jogo de constante luta contra intensas dificuldades. De qualquer maneira, não pode-se levar a mal um critério infantil que teme a morte sem amar a vida, pois apesar de ser difícil realizar sua existência diária com mediana satisfação nunca serão bastantes os dias para repetir-se esse tormento. Contudo, se reparamos unicamente na quantidade de tribulações que nos afligem na hora de obter os recursos necessários para manter uma vida tão breve, se consideramos quantas injustiças são cometidas na esperança de um futuro feliz que dura tão pouco, então acharíamos ser razoável acreditar que se os homens pudessem atingir um ciclo de vida de oitocentos anos ou mais, o pai poderia chegar a temer por sua vida diante do filho, o irmão diante do irmão e o amigo diante do amigo, restando assim presumir que os vícios de uma humanidade tão longeva elevar-se-iam a tais níveis que seu melhor e mais digno destino seria o de desaparecer da face da Terra sob um dilúvio universal (vv. 12-13).

O *terceiro* desejo, ou melhor, o desejo vazio (porque está-se consciente do fato de que o que é desejado nunca pode ser obtido) é a imagem sombria daquele tempo louvado pelos poetas como a *Idade de Ouro*. Esta é uma idade em que estamos livres de todas as necessidades imaginárias que a luxúria nos asfixia, onde uma vida modesta, com as meras necessidades naturais, imaginamos existir uma igualdade universal entre os seres humanos, uma paz duradoura entre eles, em uma palavra, o puro prazer de uma vida totalmente despreocupada, preguiçosamente onírica ou puerilmente esbanjada. Este é um desejo que faz com que os contos de Robinson Crusoé e as viagens às Ilhas dos Mares do Sul sejam tão atraentes, mas que demonstra como o homem reflexivo cansa-se da vida civilizada quando busca o seu valor apenas no *prazer* e, quando a razão, por exemplo, lembra-o de que a vida recebe valor por suas *ações*, neutraliza tal pensamento preguiçoso. O vazio deste desejo de voltar à era da simplicidade e da inocência é suficientemente demonstrado quando se dá atenção à representação acima do estado original: o ser humano não pode permanecer nesse estado porque ele não fica satisfeito com ele. Ele é ainda menos inclinado a alguma vez voltar a ele, pois ele tem sempre que atribuir o seu estado atual de arduidade a si próprio e à sua própria escolha.

Tal representação de sua história é frutífera para o ser humano e serve para ensiná-lo e melhorá-lo quando mostra-lhe o seguinte: que ele não pode atribuir nenhuma culpa à providência pelos males que o afligem; que ele não é justificado ao atribuir sua própria transgressão a um pecado original de seus ancestrais, por meio do qual uma tendência a cometer delitos semelhantes foi alegadamente herdada por gerações subsequentes (porque atos voluntários não levam a características hereditárias); isso lhe mostra antes que ele deve reconhecer plenamente que o que eles fizeram é como se ele mesmo tivesse feito, e que ele deveria atribuir a si mesmo toda a responsabilidade por todos os males provenientes do desvio de sua razão. Isso ele faz ao perceber que sob as mesmas circunstâncias ele teria se comportado exatamente do mesmo jeito e usado mal a razão ao abusar dela (mesmo contra o aviso da natureza). Uma vez que a culpa pelos males morais foi corretamente atribuído, os males físicos reais dificilmente tocariam o equilíbrio do mérito e culpa a nosso favor.

E este é o resultado de uma tentativa de escrever, através da filosofia, a parte mais antiga da história humana: a satisfação com a providência e o curso dos acontecimentos humanos como um todo, um curso que não progride, a começar com o bem, em direção ao mal, mas antes desenvolve-se gradualmente do pior para o melhor. Todos somos chamados pela própria natureza a contribuir, para o melhor de sua capacidade, com sua parte para este progresso.

///

QUARTA PARTE

SE O GÊNERO HUMANO ENCONTRA-SE EM CONSTANTE PROGRESSO PARA O MELHOR

1. O QUE SE PRETENDE SABER AQUI?

NESTA QUESTÃO precisamos de uma amostra da história humana e, na verdade, não do tempo passado, mas do futuro, pois carecemos de uma história *profética* que, por não se guiar pelas leis naturais conhecidas (como na predição dos eclipses do Sol e da Lua), será chamada *premonitória* e natural. Mas não será possível obtê-la por nenhum outro modo salvo pela participação sobrenatural na visão do futuro, por *vaticínio* (ou profecia). Assim, quando perguntamos se o *gênero* humano (como um todo) progride continuamente para o melhor, também não se trata da história natural do homem (de se, por exemplo, poderiam surgir novas raças no futuro), mas o que nos interessa é sua *história moral* e, certamente, não em relação ao *conceito genérico (singulorum),* mas em relação ao *conjunto* dos homens *(universorum)* reunidos socialmente e divididos em povos sobre a Terra.

2. COMO PODEMOS SABER TAL COISA?

ENQUANTO narrativa histórico-profética do que nos aguarda no futuro; por conseguinte, como uma possível representação *a priori* dos acontecimentos que hão de ocorrer. Mas, como é possível uma história *a priori*? Simples: quando é o próprio adivinho quem *causa* e prepara os acontecimentos que pressagia.

Aos profetas judeus era muito fácil predizer o caráter iminente, não só da decadência, mas da plena desintegração de seu estado, já que foram eles mesmos os causadores de tal destino. Em sua condição de líderes do povo carregaram sua constituição com tantos fardos eclesiásticos e seus corolários civis que seu estado tornou-se completamente incapaz de subsistir por si mesmo, sobretudo de resistir aos povos vizinhos; assim, as lamentações de seus sacerdotes tiveram, do modo mais natural, que se extinguir no ar dado sua obstinação na perseverança de uma constituição elaborada por eles mesmos, e que, claramente, permitia-lhes prognosticar esse desenlace com absoluta infalibilidade.

Nossos políticos fazem exatamente a mesma coisa em sua esfera de influência, sendo igualmente felizes em seus presságios. Asseguram que é preciso tomar aos homens tal como são e não como os "sabichões" alheios ao mundo ou o que os sonhadores bem-intencionados imaginam que devem ser. Mas esse *como são*, na realidade, significa: o que nós *fizemos* deles graças a uma coação injusta e mediante malévolas maquinações sugeridas ao governo, ou seja, seres obstinados e com tendência à rebelião; assim as coisas, quando afrouxam-se um pouco as rédeas, produzem trágicas consequências que cumprem os vaticínios daqueles estadistas pretensamente perspicazes. Vez ou outra o clero prognostica a ruína total da religião e o advento próximo do Anticristo, enquanto faz justamente tudo que está em sua mão para que isso ocorra, pois em vez de inculcar no coração de seus fiéis os princípios morais que conduzem diretamente para o melhor, trata de instituir um dever essencial sob a forma de ritos e dogmas históricos que só obterão essa melhora de maneira indireta, tal ação pode dar origem a uma unanimidade mecânica, como em uma constituição civil, mas não a baseada em um ânimo moral; dessa forma, imediatamente queixam-se da irreligiosidade que eles mesmos provocaram e que, portanto, podiam predizer sem prescindir de nenhum dom profético especial.

3. Divisão conceitual daquilo que se deseja antecipar do futuro

Três são os casos que podem permitir uma predição. O gênero humano acha-se em contínuo *retrocesso* para o pior ou em constante *progresso* para o melhor com relação a seu destino moral, ou ainda permanece numa eterna *estagnação* em relação ao grau de valor moral que detém entre os membros da criação (cuja imagem mais correta seria a de uma perpétua rotação ao redor do mesmo ponto).

A primeira tese pode ser chamada de *terrorismo* moral, a segunda de *eudemonismo* (que também poderia se denominar *quiliasmo*, por situar a meta do progresso em um horizonte muito distante) e a terceira de *abderitismo*,[14] pois neste caso não é possível uma verdadeira estagnação em matéria de moral, uma ascensão e queda em contínua variação, tão frequente como profunda (algo semelhante a um eterno movimento pendular) que produz o mesmo resultado caso o sujeito tivesse permanecido inativo e imóvel.

a) *Sobre a concepção terrorista da história humana*
Um processo de deterioração da raça humana não pode continuar indefinidamente, porque ao atingir determinado ponto ela destruiria a si mesma. Por isso, quando acumulam-se as desgraças e aumentam descomunalmente as atrocidades, costuma-se dizer: isto não pode ficar pior; parece que se aproxima o dia do Juízo Final e o piedoso visionário já sonha com a restauração de todas as coisas, com um mundo renovado que virá suceder ao presente depois deste ter sido destruído pelas chamas.

b) *Sobre a concepção eudemonista da história humana*
Podemos certamente concordar que a proporção entre bem e mal característica de nossa espécie permanece invariável na disposição e não pode aumentar ou diminuir em um mesmo indivíduo. Pois, como poder-se-ia aumentar essa cota de bem na disposição, uma vez que tal coisa teria que ocorrer pela mediação da liberdade do sujeito, para o

---

14 [N. T.]: Os habitantes da cidade grega de Abdera receberam a fama de estúpidos, gerando toda sorte de lendas acerca de seus despropósitos inadvertidos, pelo que a palavra "abderita" era utilizada como um mote ridículo e "abderitismo" veio a ser sinônimo de idiotice, parvoíce, inépcia, etc.

qual este precisaria de uma quantidade muito maior da que dispõe? Os efeitos não podem superar a força de sua causa efetiva, de modo que a quantidade de bondade no homem deve, portanto, permanecer abaixo de certo nível em relação à quantidade de maldade com a qual está misturada de modo que o homem não pode trabalhar além de um limite dado e continuar a melhorar cada vez mais. Dessa maneira, o eudemonismo parece ser insustentável, apesar de suas vivas esperanças. Suas ideias de constante progresso e aprimoramento humano parecem pouco úteis para a história profética da humanidade.

c) *A hipótese do abderitismo do gênero humano como uma definição de sua história futura*

Esta opinião tem provavelmente a maioria de votos a seu favor, pois o caráter de nossa espécie é de uma estupidez recalcitrante: parte com prontidão pelo caminho do bem, mas não persevera nele, ao invés disso, reverte o plano do progresso para a todo custo evitar vincular-se a um único fim (ainda que apenas por querer variar); edificando para poder derrubar; impondo a si mesmo a desesperada tarefa de Sísifo[15] de rolar a pedra ladeira acima somente para deixá-la rolar novamente para baixo. Assim, o princípio do mal não parece apresentar-se na disposição natural do gênero humano como que amalgamado ou fundido com o do bem, mas sim é neutralizado pelo outro dando lugar à inércia (ou a uma estagnação, como propusemos aqui): um dinamismo absurdo em virtude do qual o bem e o mal

---

15 [N. T.]: Sísifo é descrito pela mitologia grega como o mais astuto dos homens, a ponto de seu célebre castigo ter a intenção de mantê-lo ocupado para neutralizar sua astúcia. Há duas versões que explica o fato de que tenha sido condenado a empurrar eternamente uma pedra enorme até o alto de uma colina, de onde esta cai rolando novamente para baixo, precisando refazer todo o percurso. Uma delas nota que foi castigado por seduzir sua sobrinha Tiro. Segundo a outra, teria sido condenado por delatar o próprio Zeus como raptor da ninfa Egina.

alternam-se mediante um movimento para frente e para trás, de sorte que todo este jogo de vaivém de nossa espécie sobre a Terra teria de ser considerado como uma farsa, à qual não é possível proporcionar, aos olhos da razão, um valor maior ao possuído por outras espécies animais que praticam esse jogo com menos custo e sem o luxo do entendimento.

4. O PROBLEMA DO PROGRESSO NÃO PODE SER RESOLVIDO IMEDIATAMENTE PELA EXPERIÊNCIA

AINDA QUE FOSSE POSSÍVEL comprovar-se que o gênero humano, considerado em seu conjunto, esteve em contínuo progresso e avançando durante muito tempo, ninguém poderia afirmar com base nisso que devido à disposição física de nossa espécie tem início justamente agora uma época de retrocesso. E, inversamente, se o gênero humano retrocedesse e acelerasse para sua deterioração, não dever-se-ia perder a esperança de que seja possível encontrar um ponto de inflexão em seu caminho *(punctum flexus contrarii)*, donde nossa espécie dê uma guinada em direção ao melhor graças à disposição moral depositada nela. Porque estamos tratando de seres que atuam livremente, aos quais é possível *ditar* antecipadamente o que *devem* fazer, mas dos quais não cabe *predizer* o que realmente *farão* e, além disso, sabem extrair dos males que eles mesmos se infligem, quando isso se torna realmente pernicioso, um impulso revitalizado para fazer melhor do que antes de cair em tal estado. Mas como diz o Abade Coyer[16] "Pobres mortais, entre vós nada é mais constante do que a inconstância!"

---

16 [N. T.]: Gabriel François Coyer (1707-1782) foi um jesuíta francês que chegou a ser membro da Academia de Nancy e da Royal Society de Londres. Provavelmente, Kant cita uma passagem da versão alemã editada em Berlim

Talvez porque tenhamos escolhido o ponto de vista errado desde o qual contemplamos o curso dos afazeres humanos que isto nos parece tão absurdo. Ao serem observados da Terra, os planetas por vezes parecem retroceder e avançar e em outras permanecerem estáticos. Mas se adotarmos o ponto de vista do Sol – o ponto de vista da razão –, seguem continuamente seus caminhos regulares conforme a hipótese copernicana. Contudo, alguns pensadores, ainda que não pouco inteligentes, preferem aferrar-se ao seu próprio modo de explicar os fenômenos e ao ponto de vista uma vez adotado, ainda que para isso se envolvam em demasia com os ciclos e epiciclos de Tycho Brahe. Mas, infelizmente, não somos capazes de adotar esse ponto de vista quando se trata da predição de ações livres. Porque este seria o ponto de vista da *Providência* que, exaltado acima de toda sabedoria humana, abarca também as *livres* ações do homem. E embora este possa, sem dúvida, *ver* a esta, não pode *prever* com certeza (uma distinção que não existe aos olhos da divindade) porque ao passo que ele necessita perceber uma conexão governada por leis naturais antes que possa prever algo, deve prescindir delas ao considerar as *livres* ações no futuro.

Se fosse possível atribuirmos ao homem uma vontade limitada de bondade inata e invariável, então poderíamos predizer com total segurança esse progresso da espécie rumo ao melhor, pois isso envolveria algo que o homem poderia controlar. Mas se os dotes naturais do homem consistem em uma mistura de porções desconhecidas de bem e de mal, ninguém pode dizer quais efeitos poder-se-ia esperar destas ações.

---

em 1761 de suas *Moralischen Kleinigkeiten*. Suas *oeuvres complètes* apareceram em 7 volumes entre 1782 e 1783.

5. A história profética do gênero humano tem, não obstante, que começar com algum tipo de experiência

Na espécie humana deve haver alguma experiência que indique, *de fato,* a índole e capacidade desta para ser *causa* de um progresso para melhor, assim como (uma vez que tal progresso deve ser obra de um ser dotado de liberdade) a *autora* do mesmo. Sendo assim, só resta predizer um acontecimento a partir de uma causa dada quando ocorrem as circunstâncias que cooperam para esse sucesso. Que tais circunstâncias tenham que concorrer alguma vez podemos predizer, em geral, com o cálculo de probabilidades, como nos jogos de azar, mas o que não podemos determinar é se isso acontecerá durante minha vida e se obterei a experiência que me confirme aquela predição. Portanto, será preciso buscar um fato que indique, de modo intemporal, a existência de uma causa tal e mesmo assim a ação de sua causalidade no gênero humano, permitindo-nos concluir o progresso para melhor como um corolário inexorável, conclusão que posteriormente poderia extrapolar para a história do passado (de modo que sempre tivesse havido progresso), ainda que esse acontecimento não tenha que ser considerado, ele mesmo, como causa do progresso, mas apenas como *signo histórico (signum rememorativum, demonstrativum, prognostikon) e* pudesse demostrar-se, desse modo, essa *tendência* do gênero humano considerado em sua *totalidade,* isto é, não enquanto conjunto de indivíduos (pois isso daria lugar a uma enumeração interminável), mas tal e como encontra-se espalhado sobre a Terra formando povos e estados.

6. De um fato de nosso tempo que prova essa tendência moral do gênero humano

Este fato não consiste em ações relevantes ou em crimes pérfidos executados pelos homens, em virtude dos quais se despreza o que era grandioso e exalta-se o quanto era mesquinho, fazendo desaparecer como por ato mágico os antigos e esplendorosos edifícios políticos para colocar em seu lugar outros surgidos como que das entranhas da terra. Não, nada disso. Trata-se tão somente dessa maneira de pensar por parte dos espectadores que se delata *publicamente* neste jogo de grandes revoluções e mostra abertamente sua simpatia – tão universal como desinteressada – por uma das partes em disputa, apesar do perigo que lhes possa representar esta tomada de postura, demonstrando assim (por causa da universalidade) um caráter do gênero humano em seu conjunto, ao mesmo tempo que (por causa do desinteresse) um caráter moral da espécie humana, quando menos na disposição, que não só permite esperar o progresso para melhor, mas que já o penetra, porquanto a capacidade de tal progresso basta por enquanto.

A revolução de um povo profuso de espírito, que estamos presenciando em nossos dias, pode triunfar ou fracassar, pode acumular misérias e atrocidades em tal medida que qualquer homem sensato nunca decidir-se-á a repetir um experimento tão custoso, ainda que pudesse levar a cabo pela segunda vez com fundadas esperanças de êxito e, no entanto, essa revolução – ao meu modo de ver – encontra no ânimo de todos os espectadores (que não estão comprometidos com o jogo) uma *simpatia* próxima do entusiasmo, cuja manifestação leva consigo um risco, que não pode ter outra causa exceto a de uma disposição moral no gênero humano.

Esta causa moral apresenta duas vertentes: a primeira, a do *direito* de todo povo de não ser impedido por nenhum poder na hora de promulgar uma constituição civil que lhe pareça mais oportuna; a segunda, a do *objetivo* (que ao mesmo tempo é um dever) de que aquela constituição seja apenas *jurídica* e moralmente boa em si, quando sua natureza for tal que possa evitar, por princípio, a guerra ofensiva – algo que só a ideia de uma constituição republicana[17] poderia almejar –, estabelecendo as condições para pôr entraves à guerra (fonte de todos os males e de toda depravação dos costumes), de modo que se assegure negativamente ao gênero humano o progresso para melhor, apesar de sua fragilidade, pois ao menos não ver-se-á perturbado nesse avanço.

Isto e a participação *afetiva* no bem, o *entusiasmo* – ainda que seja verdade que como qualquer outro afeto é reprovável de algum modo e não pode ser assumido sem paliativos –, brindam a ocasião através desta história para fazer uma observação importante frente à Antropologia, a saber: que o verdadeiro entusiasmo acerca-se sempre do

---

17 Contudo, isto não significa que um povo com uma constituição monárquica tenha que atribuir para si o direito de modificar sua constituição, nem de abrigar o oculto desejo de fazê-lo, pois se seu enclave dentro de Europa pudesse lhe recomendar essa constituição como a única que lhe permite subsistir em meio de tão poderosos vizinhos. Assim as queixas dos súditos referidas, não aos assuntos internos, mas ao proceder do governo com respeito às potências estrangeiras enquanto este impeça sua republicanização, longe de supor uma prova da inconformidade do povo com sua própria constituição, mostra antes a devoção que lhe professa, pois tal constituição estará tanto mais a salvo quanto mais se republicanizem os outros povos. Não obstante, certos caluniadores sicofantes, com o único intuito de se tornarem importantes, trataram de fazer passar esta inocente politicagem por mania inovadora, jacobinismo e revoltas facciosas que põem em perigo o Estado, apesar de não existir o menor motivo para tais alegações, principalmente ao se tratar de um país que se encontra a mais de cem milhas do cenário da revolução.

ideal e, na realidade, do puramente moral, como ocorre com o conceito do direito, não podendo ver-se jamais satisfeito pelo egoísmo. Seus adversários não podiam competir por meio de incentivos crematísticos com o fervor e a grandeza de ânimo que o mero conceito do direito insuflava aos revolucionários e mesmo com o conceito da honra da velha aristocracia militar (por fim, um análogo do entusiasmo) dissipou-se diante das armas daqueles que as haviam empunhado tendo presente o *direito* do povo ao qual pertenciam[18] e erguido como seus defensores, exaltação com a que se simpatizou o público que observava os acontecimentos de fora sem abrigar a menor intenção de participar ativamente deles.

---

[18] Acerca de semelhante entusiasmo pela defesa do direito que professa o gênero humano, caberia dizer: *postquam ad arma Vulcania ventum est, mortalis mucro glacies ceu futilis ictu dissiluit* (Virgílio, *Eneida*, XII, 739 ss.). Por que até esta data nenhum soberano ousou declarar com franqueza que não reconhece nenhum *direito do povo* diante dele, que o povo só há de agradecer sua sorte ao governo *benfeitor* que a outorga e que toda pretensão do súdito em deter um direito frente a esse governo (porquanto tal direito entra no conceito de uma resistência legítima) torna-se absurda e até passível de punição? A razão disso é que uma declaração pública deste tipo sublevaria a todos os súditos contra seu soberano, apesar de que como dóceis ovelhas guiadas por um amo bondoso e compreensivo, estando bem cevadas e protegidas, não tivessem nenhuma queixa relativa ao seu bem-estar. Porque aos seres dotados de liberdade não basta a eles gozar das comodidades da vida que outro (neste caso o governo) pode lhes proporcionar, mas que é de seu interesse ainda mais o *princípio* graças ao qual se buscam tais comodidades. Sendo assim, o bem-estar não carece de nenhum princípio tanto para o que o recebe como para o que o dispensa (pois se trata de algo que cada qual entende a seu modo e maneira), porque diz respeito à *matéria* da vontade que, ao ser algo empírico, não é suscetível da universalidade de uma regra. Portanto, um ser dotado de liberdade, consciente de seu privilégio com respeito ao animal privado de razão, não pode nem deve reclamar, conforme o princípio *formal* de seu arbítrio, nenhuma outra classe de governo para o povo ao qual pertence, mas aquela na qual todos sejam colegisladores, isto é, o direito dos homens, que eles mesmos devem acatar, deverá preceder necessariamente a toda consideração relativa ao bem-estar, sendo esse direito algo sagrado que está acima de qualquer preço (acima da utilidade) e que nenhum governo, por mais benfeitor que seja, pode violar. Mas esse direito só é uma ideia cuja realização se vê subordinada à condição de que seus *meios* concordem sempre com a moralidade, algo que o povo não deve transgredir jamais.

7. História profética da humanidade

Aquilo que a razão apresenta-nos como algo puro, mas ao mesmo tempo, dada sua influência para marcar uma época, como algo que a alma humana reconhece como dever e concerne ao gênero humano em sua totalidade *(non singulorum, sed universorum)*, suscitando seu feliz desenlace e o intento de conseguir um entusiasmo tão universal quanto desinteressado, há de ter um fundamento *moral.*

Este acontecimento não é o fenômeno de uma revolução, mas (nas palavras de Erhard)[19] da *evolução* de uma constituição *jusnaturalista* que, ainda que seja conquistada em meio a contendas brutais – pois tanto a guerra interior como a exterior destrói os *estatutos* da constituição vigente até então –, faz-nos aspirar a uma constituição que possa não ser bélica, ou seja, a republicana; e esta constituição republicana pode ser tal, bem em virtude da *forma política,* ou também só a mercê do *modo de governar,* sendo administrado neste caso o estado sob a unidade de seu chefe (o monarca) segundo leis análogas às que o povo dera a si mesmo conforme os princípios jurídicos universais.

De acordo com os indícios de nossos dias, creio poder prognosticar ao gênero humano – ainda que sem ânimo profético – a consecução deste objetivo e, com isso, que a partir desse momento já não dar-se-ão sérios retrocessos em seu progresso para melhor. Porque um fenômeno semelhante *não é jamais esquecido* na história humana,

---

A realização desta ideia não deve ser produzida mediante a revolução, que sempre é injusta. *Mandar* autocraticamente e, apesar disso, *governar* de um modo republicano, quer dizer, com o espírito do republicanismo e por analogia a ele, é o que faz um povo sentir-se verdadeiramente satisfeito com sua constituição.

19 [N. T.]: Johann Benjamin Erhard (1766-1827), *Über das Recht des Volks zu einer Revolution,* Jena e Leipzig, 1795, p. 189.

pois revelou na natureza humana uma disposição e uma capacidade aprimoradora que nenhum político pôde arguir a partir do curso das coisas que ocorreram até então, constituindo a única coisa que une no gênero humano Natureza e liberdade conforme princípios jurídicos internos, ainda que, no que diz respeito ao tempo, só era possível augurar-se como um acontecimento indeterminado e contingente.

Mas ainda que agora o objetivo projetado fosse alcançado com este acontecimento, ainda que a revolução ou a reforma da constituição de um povo acabasse fracassando, ou se tudo voltasse novamente a seu antigo estado depois de ter durado algum tempo, apesar de tudo isso, esse prognóstico filosófico não perderia em nada sua força. Pois esse acontecimento é demasiado grandioso, encontra-se tão estreitamente ligado ao interesse da humanidade, está de tal forma disseminado por todas as partes por causa de sua influência sobre o mundo, a ponto de não ser rememorado pelos povos em qualquer ocasião propícia e evocado em ordem à repetição de novas tentativas dessa índole; já que ao ser um assunto tão relevante para o gênero humano, a constituição projetada deverá alcançar finalmente, em qualquer momento, aquela firmeza que o ensino não deixará de inculcar no ânimo de todos mediante reiterada experiência.

Assim, pois, não se trata apenas de um princípio bem-intencionado e recomendável na prática, mas válido assim mesmo – apesar de desagradar aos céticos – para a teoria mais rigorosa, de que o gênero humano tem estado progredindo sempre para melhor e assim continuará; o qual não se considera unicamente o que pode ocorrer em um povo determinado, mas que se faz extensivo a todos os povos da terra – os quais deveriam participar paulatinamente disso – abre a perspectiva de um tempo indefinido; a menos que a primeira época de uma revolução natural, época que (segundo Camper e Blumenbach[20]) sepultou o reino animal e vegetal antes que houvesse homens, seja seguida por uma segunda que maltrate também ao homem, para permitir que outras criaturas entrem em cena, e assim sucessivamente. Pois, ainda que para a onipotência da Natureza (ou, antes, de sua causa suprema, inalcançável para nós) o homem seja uma coisa insignificante, o fato de que os mandatários de sua própria espécie o tomem por tal e o tratem assim, servindo-se dele como de um animal de carga, como mero instrumento de seus propósitos, ou enfrentando-os em suas contendas para que se matem uns aos outros, não é nenhuma minúcia, mas a subversão do *fim último* da própria criação.

8. Da dificuldade das máximas estabelecidas para o progresso rumo a um mundo melhor em razão de sua publicidade

A *ILUSTRAÇÃO DO POVO* consiste na instrução pública deste a respeito de seus direitos e deveres para com o estado a que pertence. Sendo assim, como aqui só tratamos de direitos naturais derivados do sentido comum mais elementar, seus divulgadores e intérpretes naturais diante do povo não são os professores de direito designados oficialmente pelo governo, mas aqueles outros que seguem livres, isto é, os filósofos, aos quais justamente por permitir-se tal

---

20 [N. T.]: Petrus Camper (1722-1789), anatomista holandês cuja obra principal surgiu em Amsterdã entre 1760 e 1762. A passagem citada por Kant se encontra em sua obra *Über den natürlichen Unterschied der Gesichtszüge*, Berlim, 1972, § 3 e V 428 ss.; Johann Friedrich Blumenbach (1752-1840) desenvolveu seus trabalhos sobre anatomia e zoologia na Universidade de Gottingen durante quase seis décadas. Cf. *Handbuch der Naturgeschichte*, Gottingen, 1779, pp. 44 e 474ss.

liberdade são pedra de escândalo para o estado e se veem desacreditados, como se imaginassem por isso um perigo para o estado, sob o nome de *enciclopedistas* ou instrutores do povo *(Aufklärer),* por mais que sua voz não se dirija *confidencialmente* ao *povo* (que bem escassa ou nenhuma constância tem de seus escritos), mas que se dirija *respeitosamente* ao estado, suplicando-lhe que leve em conta a exigência jurídica daquele; o qual não pode ter lugar senão pelo caminho da publicidade, quando é todo um povo que deseja apresentar suas queixas *(gravamen).* A *proibição* da publicidade impede o progresso de um povo para melhor, mesmo naquilo que se refere ao mínimo de sua demanda, ou seja, a seu mero direito natural.

Outra coisa que se procura ocultar de um povo mediante disposições legais – apesar de tratar-se de algo muito evidente – é a verdadeira natureza de sua constituição. Certamente, seria uma ofensa ao povo britânico afirmar que se encontra sob uma *monarquia absoluta,* pois, muito pelo contrário, ele pretende que sua constituição *limite* a vontade do monarca por meio das duas Câmaras do Parlamento, enquanto representantes do povo, mas, como todo mundo sabe perfeitamente, a influência do monarca sobre esses representantes é tão grande e indefectível que, nestas Câmaras, só entra-se em acordo quando ele deseja e propõe através de seus ministros, ainda que algumas vezes proponha acordos com conhecimento de causa que serão discutidos (*v. g.* o tráfico de negros) e até mesmo *faz* com que lhe façam oposição, para dar uma prova de aparente liberdade parlamentar. Esta fraudulenta apresentação de sua natureza faz com que não se busque uma constituição verdadeiramente ajustada ao direito, posto que se crê tê-la encontrado em um exemplo já existente e uma publicidade enganosa ilude o povo com a aparência de uma *monar-*

quia limitada[21] por leis que emanam dele, enquanto seus representantes, subornados pelas corruptelas, submetem-se sub-repticiamente a um *monarca absoluto.*

A ideia de uma constituição em consonância com o direito natural dos homens, a saber, que aqueles que obedecem à lei devem ser simultaneamente colegisladores, acha-se na base de todas as formas políticas e a comunidade conforme ela por meio de conceitos puros da razão, que se denomina *ideal* platônico *(republica noumenon)*, não é uma vã quimera, mas a norma eterna para qualquer constituição civil em geral e o afastamento de toda guerra. Uma sociedade civil organizada de acordo com ela supõe sua exemplificação na experiência segundo as leis da liberdade *(respublica phaenomenon)* e só pode ser obtida arduamente, após muitas guerras e hostilidades; no entanto, uma vez que é obtida, *grosso modo,* esta constituição qualifica-se como a melhor entre todas por manter a guerra distante, a destruidora de todo bem; ao ingressar nessa sociedade constitui um dever e, provisoriamente (já que tal coisa não terá lugar tão de repente), é dever dos monarcas, ainda que governem de maneira *autocrática,* governar apesar de tudo de modo *republicano* (mesmo que não democrático), ou seja, tratar o povo de acordo

---

21 Uma causa, cuja natureza não se aprecia de imediato, é descoberta pelo efeito que está inexoravelmente unido a ela. O que é um monarca *absoluto*? Aquele que quando ordena: "que haja guerra!", ela acontece em seguida. O que é, pelo contrário, um monarca *limitado*? Aquele que precisa consultar previamente o povo se deve ou não haver guerra e, ao contestar o povo: "não deve haver guerra", não há. Pois a guerra é um estado em que *todas* as forças do Estado estarão sob as ordens do soberano. Sendo assim, o monarca britânico levou a cabo muitas guerras sem o consentimento do povo para isso. Por conseguinte, este rei é um monarca absoluto, ainda que não devesse sê-lo de acordo com a constituição; no entanto, o monarca sempre pode passar por alto da constituição, dado que, ao dispensar todo tipo de cargos e prebendas, pode assegurar para si o assentimento dos representantes do povo. É claro que semelhante sistema de corrupção deve subtrair à publicidade para ter êxito, ocultando-se por isso sob o muito transparente véu do segredo.

com princípios conforme às leis da liberdade (tais como as que um povo na maturidade de sua razão prescreveria a si mesmo), ainda que não lhe seja pedido literalmente seu consentimento para isso.

9. QUE BENEFÍCIO OCASIONARÁ AO GÊNERO HUMANO O PROGRESSO PARA MELHOR?

NÃO UMA QUANTIDADE sempre crescente de *moralidade* na intenção, mas um aumento dos efeitos de sua *legalidade* nas ações conforme o dever, seja qual for o móvel que as ocasione; ou seja, o benefício (resultado) de seus esforços feitos para melhorar manifestar-se-á nas boas *ações* dos homens – que cada vez serão mais numerosas e mais acertadas, por fim, nos fenômenos da índole moral do gênero humano. Pois não contamos senão com *dados empíricos* (experiências) para fundamentar essa predição baseada na causa física de nossas ações, enquanto têm lugar e são, portanto, fenômenos, e não na causa moral que contém o conceito do dever do que deveria suceder, o que só pode estabelecer-se puramente *a priori*.

Pouco a pouco diminuirá a violência exercida por parte dos poderosos e prevalecerá o acato às leis. Em parte, por decoro e, em parte, também por causa de um interesse próprio, aos poucos surgirá mais beneficência, um pouco menos de pendência nos litígios, uma maior confiança na palavra dada, etc., dentro da comunidade e isto acabará por se estender às relações interestatais dos povos até chegar à sociedade cosmopolita, sem que com isso seja preciso aumentar no mínimo a base moral do gênero humano, para o qual seria indispensável uma espécie de nova criação (uma influência sobrenatural). Também não há a necessidade de esperar demasiado por parte dos homens em relação a seu progresso para melhor, para não ser objeto de escárnio por parte dos políticos, os quais ficariam muito felizes em considerar esta esperança como a fantasia de uma mente exaltada.[22]

10. Qual é a única ordem de coisas em que cabe esperar o progresso para melhor?

Imediatamente, não pelo curso das coisas *debaixo para cima,* mas *de cima para baixo.* Confiar que graças à formação da juventude (por meio da instrução de uma cultura intelectual e moral reforçada pela religião, distribuída primeiro no âmbito familiar e posteriormente na escola, tanto no ensino primário como no superior) chegue-se finalmente não só a educar bons cidadãos, mas a educá-los para o bem – de modo que essa tendência pudesse manter-se e progredir indefinidamente –, é um plano do qual dificilmente cabe esperar o êxito desejado. Pois não se trata unicamente de que, enquanto o povo considera que os gastos com a educação da juventude não devem correr por sua conta, mas pela do estado, este não

---

22 Ainda que seja *grato* imaginar-se constituições políticas que satisfaçam as exigências da razão (especialmente no que se refere à equidade), torna-se *temerário* – e *punível* – propô-las e incitar o povo a derrogar a constituição vigente. A *Atlântida* de Platão, a *Utopia* de Morus, a *Oceania* de Harrington e a *Severambia* de Allais foram saindo sucessivamente de cena, mas nunca (excetuando a frustrada tentativa de Cromwell de implantar uma república despótica) foram ensaiadas. Com tais criações políticas ocorre o mesmo que com a criação do mundo: nenhum homem estava presente, nem poderia estar, pois nesse caso teria que ter sido seu próprio criador. Esperar que um constructo político como os descritos aqui chegue a materializar-se algum dia – por mais remoto que seja – é um doce sonho, mas se aproximar constantemente desse horizonte utópico não só é algo *imaginável,* mas que, enquanto possa se compadecer com a lei moral, constitui um *dever,* e não dos cidadãos, mas do soberano.

tem dinheiro suficiente para pagar um salário digno que permita aos professores competentes consagrarem-se de bom grado à sua tarefa (assim como lamenta Büsching[23]), dado que o Estado tem necessidade de destinar todos os seus recursos à guerra, mas que, por outro lado, toda essa maquinaria educativa carece de alguma coesão, a menos que se ponha em marcha conforme um plano traçado pelo poder supremo do estado e seja aplicado uniformemente de acordo com essa diretriz; para todo o qual conviria que o estado se reformasse a si mesmo de vez em quando e, ensaiando a evolução em lugar da revolução, progredisse continuamente para melhor. Sendo assim, como aqueles que devem levar a cabo essa educação são *homens* que por sua vez hão de ser educados para isso e levam em conta a fragilidade da natureza humana, submetida à contingência das circunstâncias que favorecem semelhante resultado, fica claro que a esperança de seu progresso só pode ter como condição positiva uma sabedoria superior (que, quando é invisível para nós, chama-se Providência), mas em relação ao fomento dessa meta a única coisa que pode ser esperada e exigida, da parte do *homem*, é uma sabedoria negativa, a saber, o dar-se conta de que a *guerra* representa o maior obstáculo para a moralidade, sendo preciso humanizá-la pouco a pouco, para que cada vez mais seja um fenômeno menos frequente e acabe por desaparecer enquanto guerra ofensiva, com o fim de abrir o caminho a uma constituição cuja natureza, baseada em princípios autênticos do direito, possa progredir tenazmente para melhor sem fraquejar.

---

23 [N. T.]: Anton Friedrich Büsching (1724-1793), conselheiro de educação e diretor de um Ginásio em Berlim, editou a revista *Wöchentliche Nachrichten von neuen Landcharten, geographischen, statistischen und historischen Büchern und Schriften* entre 1773 e 1787. Kant faz referência a uma passagem que se encontra no número 16 do ano de 1776 desta mesma revista, mais precisamente na página 131 (cf. *Aufsätze das Philanthropin betreffend*. Ak., II, 451).

Conclusão

Era uma vez um médico que consolava, dia após dia, a seus pacientes com a esperança de um restabelecimento iminente, dizendo-lhes, às vezes, que o pulso batia melhor e outras que a expectoração indicava uma melhora substancial ou que sua abundante transpiração era um magnífico sintoma de recuperação. Assim iam as coisas, até que um bom dia recebeu a visita de um de seus amigos e, ao perguntar-lhe pelo andamento de sua enfermidade, este lhe respondeu: Como desejas que eu me sinta? *Não poderia estar melhor!*

Não censuro em nada a quem diante dos males do estado comece a desconfiar da saúde do gênero humano e de seu progresso para melhor, mas confio na heroica receita de Hume como em um remédio que pode proporcionar uma rápida cura contra esse desalento: "Quando vejo – diz – as nações lutando em uma guerra, é como se visse a dois bêbados que fazem uso de paus e brigam em uma tenda cheia de porcelanas. Pois não só tardarão a se curar dos ferimentos causados mutuamente, mas, além disso, terão de pagar todos os danos ocasionados.[24] *Sero sapiunt Phryges.*[25] Sem espaço para dúvidas, as funestas consequências da guerra atual podem impor ao político o reconhecimento de uma mudança de sentido para melhor por parte do gênero humano, como algo que já se encontra em perspectiva.

---

[24] [N. T.]: As palavras exatas de Hume são: *"I must confess, when I see princes and states fighting and quarrelling amidst their debts, funds, and public mortgages, it always brings to my mind a match of cudgel-playing fought in a China shop" (Of Public Credit)*. A receita em questão consistiria na recusa da dívida pública como meio para manter uma guerra. Kant subscreve este remédio em *Rumo à Paz Perpétua* (cf. Ak., VIII, 345-46).

[25] [N. T.]: Cf. Cícero. *Epistolae ad familiares*, VII, 16.

Quinta Parte

Antropologia de um ponto de vista pragmático – parte 2, seção E

E. Caráter da espécie humana

Oferecer uma descrição do caráter de algumas espécies de seres exige não apenas mostrar que ela pode ser comparada conceitualmente com outras espécies que nos são familiares, como também que aquilo que a torna diferente das outras seja dado e usado como propriedade particular (*proprietas*) para distingui-la. Mas se compararmos uma espécie de seres que seja conhecida por nós (A) com outra espécie que é-nos desconhecida (não A), então como podemos esperar ou exigir de nós mesmos que descrevemos o caráter da primeira, se carecemos do conceito mediador de comparação (*tertium comparationis*)? Mesmo que nosso conceito mais elevado de uma espécie seja o de um ser racional terrestre seremos incapazes de descrever seu caráter, uma vez que não temos conhecimento de seres racionais e extraterrestres que nos permitiriam afirmar suas propriedades peculiares e caracterizar os seres terrestres entre os seres racionais em geral. Parece, portanto, que é simplesmente uma tarefa impossível descrever o caráter da espécie humana, já que esta tarefa só poderia ser realizada pela comparação de duas espécies de seres racionais por meio da experiência, uma comparação que esta última não nos disponibiliza.

Para indicar ao ser humano sua classe dentro do sistema da natureza viva e assim caracterizá-la, não nos resta outra opção senão a seguinte conclusão: que o ser humano tem um caráter que ele mesmo cria, através de sua habilidade de se aperfeiçoar de acordo com os fins que ele estabelece para si mesmo, uma qualidade em virtude da qual ele, como animal dotado de capacidade de raciocínio (*animal rationabile*), é capaz de transformar-se em um animal racional (*animal rationale*). De acordo com isso, o ser humano trabalha primeiramente para preservar a si e a sua espécie, em segundo lugar ensina, educa e aprimora sua espécie para a sociedade doméstica, e em terceiro lugar governa sua espécie como um todo sistemático (ou seja, organizado de acordo com os princípios da razão) adequado para a sociedade. A característica marcante da espécie humana, entretanto, em comparação com a ideia destes possíveis seres racionais sobre a Terra é a seguinte: que a natureza semeou nela as sementes da discórdia e procurou que ela criasse, por meio de sua própria razão, a harmonia da discórdia, ou pelo menos se aproximasse continuamente da harmonia. Na *teoria* esta harmonia é o fim, mas em sua execução esta discórdia é o meio de uma sabedoria suprema e inescrutável para nós, que pretende levar-nos à perfeição do ser humano através do contínuo progresso da cultura, ainda que este acarrete muitos sacrifícios aos prazeres da vida.

Dentre os habitantes da Terra, o ser humano claramente destaca-se de todos os outros seres naturais por sua predisposição técnica para manipular objetos (isto é, manipulação mecânica relacionada à consciência), por sua predisposição pragmática (ou seja, sua habilidade de utilizar-se de outros seres humanos para atingir seus próprios fins), e por sua predisposição moral (quer dizer, agir de acordo com o princípio da liberdade sob leis que se aplicam tanto a si mesmo quanto aos outros). Na verdade, qualquer um destes três níveis sozinho é suficiente para distinguir o caráter do ser humano daquele de outros habitantes do planeta.

I. *A predisposição técnica*

Uma série de questões surge com relação à predisposição técnica: se o ser humano fosse originalmente destinado a andar sobre quatro patas (como Moscati[26] propôs, talvez meramente como uma ideia para uma dissertação) ou ereto; se o gibão, o orangotango e o chimpanzé, entre outros,

---

26 Pietro Moscati (1739-1824), anatomista em Pávia, Itália. Kant discute este propósito em sua revisão da tradução alemã em 1771 da palestra de Moscati, *"Von dem korperlichen wesentlichen Unterschiede zwischen der Structur der Thiere und Menschen"* [Sobre a Diferença Corporal Essencial entre a Estrutura dos Animais e a dos Humanos].

fossem destinados a serem assim (Linnaeus e Camper[27] discordam sobre esta questão); se ele é um vegetariano ou (já que tem um estômago membranoso) um animal carnívoro; se, uma vez que não possui nem garras nem presas, e consequentemente não possui armas (ao lado da razão), ele é por natureza uma presa ou um animal pacífico. As respostas a estas questões não são motivo de preocupação. Em qualquer caso, a questão seguinte também pode ser levantada: se ele é por natureza um animal *sociável* ou um ermitão e avesso à companhia, do qual este último é mais provavelmente o caso.

A ideia de provisão da natureza para a sobrevivência da espécie é difícil de entrar em acordo com a noção do primeiro casal de seres humanos, plenamente desenvolvidos, sendo colocado por natureza diante de seu meio de subsistência, se a natureza também não lhe dá um instinto natural, ainda que um instinto que não mais exista em nós em nossa atual condição natural. O primeiro ser humano teria se afogado no primeiro tanque que encontrasse, porque nadar é uma habilidade que deve ser aprendida. Ou teria comido raízes e frutos venenosos e assim estado em constante perigo de morte. No entanto, se a natureza tivesse implantado este instinto no primeiro par de seres humanos, como é possível que eles não o passassem a seus filhos, uma coisa que claramente nunca acontece agora?

Pássaros canoros ensinam a seus jovens os cantos e, por isso, os propagam pela tradição. Um pássaro isolado, que tivesse sido tomado de seu ninho quando ainda cego e criado em outra parte onde não houvesse nenhum canto, faria somente certo som inato de seus órgãos vocais. Mas de

---

27 Petrus Camper (1722-89) salientou as similaridades entre as espécies humana e animal; Carolus Linnaeus (1707-78) ficou famoso por seu novo sistema de classificar espécies diferentes.

onde veio o primeiro canto?[28] Por que não foi aprendido, e se tivesse surgido meramente através do instinto, então porque não foi herdado pelo jovem pássaro? A caracterização do ser humano como um animal racional já está na forma e organização de sua mão, dedos e toque, em parte, por meio de sua construção, em parte, por meio de sua refinada sensibilidade. A natureza, por este meio, o designou não meramente a um único modo de manipular os objetos, mas antes, e em geral, para todas as formas de manipulação e assim o designou para o uso da razão e, por isso, marcou a predisposição técnica de sua espécie ou a predisposição de sua espécie para a habilidade pela manipulação como a de um animal racional.

II. *A predisposição pragmática*

A predisposição pragmática para a civilização por meio da cultura, primariamente através do cultivo de suas qualidades sociais e propensão natural da espécie de emergir no contexto da sociedade da brutalidade da mera força particular e tornar-se um ser (embora não ainda moral) civilizado destinado à harmonia, juntas constituem um nível mais elevado. O ser humano é capaz de e exige educação na forma não somente de instrução, mas

---

28 Tomemos aqui a validade da hipótese de Sir Linné [Linnaeus] a respeito da arqueologia da natureza: de que o que primeiramente emergiu do oceano todo-abrangente que no início cobriu a Terra foi a ilha subequatorial na forma de um monte. Neste monte todas as diversas gradações de temperatura e plantas e animais específicos ao clima desta região se desenvolveram gradualmente, desde o calor tropical próximo ao seu litoral mais baixo ao frio ártico em seu pico. Com relação às espécies de pássaros que apareceram deste modo, os pássaros canoros imitaram os sons inatos dos órgãos vocais de uma infinidade de vozes e até onde seus órgãos vocais permitissem, relacionaram cada um deles. Por isso, cada espécie criou seus próprios sons, que mais tarde passaram de um membro a outro por meio da instrução (semelhante à transmissão de uma tradição). Pode-se ver prova disso no grau de variação dos sons produzidos por tentilhões e rouxinóis de diversos países.

também de disciplina. A questão à mão é (ou de acordo com ou oposta a Rousseau) se o caráter da espécie é, em conformidade com sua predisposição natural, mais bem encontrada na brutalidade de sua natureza, ou nos artifícios da cultura, aos quais nenhuma finalidade pode ser prevista. Antes de tudo, devemos notar que no caso de quaisquer outros animais, quando são deixados sob seus próprios cuidados e dispositivos, cada indivíduo atinge plenamente sua inteira vocação, enquanto no caso do ser humano somente a espécie atinge este objetivo. A espécie humana só pode seguir seu caminho até sua vocação somente pelo progresso de uma série de um número indeterminadamente grande de gerações. O objetivo sempre permanece a certa distância. Enquanto a tendência ao fim último pode muitas vezes ficar obstruída, ela pode nunca ser completamente revertida.

III. *A predisposição moral*

A questão à mão é a seguinte: Se o ser humano é bom ou mau por natureza, ou igualmente suscetível a ambos, dependendo de quem é responsável por sua formação (*cereus in vitium flecti,*[29] etc.)? No último caso, a própria espécie não possuiria nenhum caráter particular. Mas este caso é inconsistente consigo mesmo, já que um ser equipado com a capacidade de razão prática e com consciência da liberdade de sua faculdade de escolha (uma pessoa) admite-se, ainda que nos termos mais obscuros, como sujeito, em virtude desta consciência, uma lei de dever e em posse de um sentimento (que é o sentimento moral), que ele é tratado e trata a outros quer com justiça, quer com injustiça. Este é precisamente o caráter inteligível da humanidade em geral, e a este ponto o ser humano é, com

---

29 Horácio, *Ars Poetica*, 163, "macio como cera para se moldar ao mal".

respeito à sua predisposição inata (por natureza), bom. Contudo, a experiência mostra que existe no ser humano uma tendência ao desejo ativo daquilo que é proibido, ainda que ele saiba que é proibido. Esta tendência para o mal toma forma tão inevitavelmente e tão cedo e torna-se evidente assim que o ser humano começa a fazer uso de sua liberdade, e pode, portanto, também ser considerada como inata. Dessa maneira, o ser humano também deve ser julgado, em seu caráter sensível (por natureza), como mau. No entanto, isto não apresenta uma contradição quando se fala do caráter da espécie, já que é possível assumir que a vocação natural deste caráter consiste em progresso contínuo para o melhor.

A soma da antropologia pragmática com respeito à vocação do ser humano e as características de seu desenvolvimento são as seguintes: o ser humano está destinado, em virtude de sua razão, a existir em sociedade com outros humanos e a cultivar-se por meio da arte e das ciências, a civilizar-se e a tornar-se moral nesta sociedade, por maior que seja sua tendência animal a passivamente submeter-se à sedução da comodidade e bem viver, que se chama felicidade e ao invés disso se fazer ativamente digno de humanidade lutando contra os impedimentos que vêm com sua natureza bruta.

O ser humano deve, assim, ser educado para ser bom. Aquele que o educa é, portanto, também um ser humano, alguém que, por isso, está sujeito à mesma natureza bruta e imagina-se realizar aquilo do que ele mesmo tem necessidade. Esta é a fonte do constante desvio de sua vocação, enquanto repetidamente volta-se para ela. Pretendo agora discutir as dificuldades envolvidas na resolução deste problema assim como os impedimentos para resolvê-lo.

A.

O primeiro aspecto físico da vocação da humanidade consiste na condução humana para preservar a espécie enquanto espécie animal. Mas já aqui os períodos de seu desenvolvimento natural não coincidem com os períodos de seu desenvolvimento social. De acordo com o primeiro, ele é conduzido pelo instinto sexual e é capaz de reproduzir e, por isso, preservar sua espécie por volta da idade de, no mais tardar, quinze anos. De acordo com o segundo, dificilmente pode administrar isso (em média) antes dos vinte. Porque embora um jovem seja capaz de em idade bem recente satisfazer as inclinações próprias e de uma mulher como cidadão do mundo, ele ainda está longe de ser capaz de sustentar sua esposa e filhos como um cidadão do estado. Ele deve primeiro aprender um ofício e encontrar uma clientela para começar uma família com sua esposa, e nas classes mais elevadas ele pode ter por volta de vinte e cinco anos antes que esteja maduro o bastante para sua vocação. E com o que ele preenche o intervalo de tempo no qual é forçado a uma abstinência não natural? Com nada mais do que vícios.

B.

O impulso de buscar conhecimento científico, como uma forma de cultura que enobrece a humanidade, não tem nenhuma correlação para a espécie como um todo quanto à extensão da vida de um indivíduo. O estudioso, quando avança na cultura ao ponto em que ele avança no campo de estudo, é chamado pela morte, e sua posição é tomada por um jovem aluno que, em breve antes de sua própria morte, e depois que tiver feito um avanço similar, por sua vez, renderá seu lugar a outro. Que acúmulo de conhecimento teria resultado, que novos métodos teriam sido descobertos e se tornado disponíveis, se pessoas como

Arquimedes, Newton ou Lavoisier com sua diligência e talento tivessem recebido um tempo de vida de séculos sem nenhum declínio em sua energia vital?

No entanto, o progresso da espécie, nas ciências, é sempre fragmentário (ao longo do eixo do tempo) e não dá garantia de que se está seguro da ameaça de regresso apresentada pela barbárie da revolução contra o estado.

C.

A espécie parece igualmente incapaz de atingir sua vocação com relação à felicidade, que a natureza constantemente leva-a a perseguir, mas que a razão restringe à condição de dignidade de ser feliz, ou seja, à moralidade. O hipocondríaco (mal-humorado) conta que *Rousseau* apresenta uma espécie humana que ousa emergir do estado de natureza como exaltando um retorno ao estado de natureza e à floresta, não deveria ser entendido como sua opinião real. Com este relato Rousseau expressou a dificuldade que nossa espécie tem de entrar no caminho que continuamente se aproxima de sua vocação. Este relato não precisa ser inventado do nada: a experiência dos tempos passados e presente deve deixar qualquer pessoa que pensa incerta e com dúvida se nossa espécie algum dia será melhor.

Rousseau escreveu três ensaios sobre o dano causado pela (1) emergência da espécie humana do estado de natureza para a cultura, a saber, o desvanecimento da força; (2) o processo de tornar-se civilizado, a saber, desigualdade e repressão mútua; e (3) o processo de supostamente tornar-se moral, a saber, educação não natural e deformações na maneira de pensar. Estes três ensaios,[30] que retratam o

---

30 Jean-Jacques Rousseau (1712-78). O título completo do Primeiro Discurso é: "Discurso que obteve o Primeiro Prêmio da Academia de Dijon. No ano de 1750. Sobre a questão proposta pela Academia: A Renovação das Ciências e das Artes tem contribuído para o aprimoramento da moralidade?" O título completo do Segundo Discurso é: "Discurso sobre a Origem e os Funda-

estado de natureza como um estado de inocência (o retorno ao qual é impedido pela espada feroz de um guardião do paraíso), pretendem apenas servir como ideia diretora para o *Contrato Social*, seu *Emílio*, e seu *Profession de foi du vicaire Savoyard*,[31] uma ideia com a qual eles podem fugir da loucura dos males com os quais nossa espécie tem-se acercado por meio de sua própria falta. Rousseau, por fim, não queria que o ser humano voltasse ao estado de natureza, mas sim que olhasse para trás para o estado de natureza a partir da vantagem de seu estado atual. Ele afirmou que o ser humano é por natureza (enquanto esta pode ser transmitida) bom, mas de um modo negativo, a saber, que não é inata ou deliberadamente mau, mas sim apenas corro o risco de ser infectado e corrompido por líderes e exemplos maus ou ineptos. Mas uma vez que isto, por sua vez, exige seres humanos bons, que devem ter sido educados para esse propósito, do qual provavelmente nenhum existirá que não seja ele mesmo corrupto (quer de maneira inata ou por ter contraído), o problema da educação moral permanece sem solução para nossa espécie, e não meramente como uma questão de grau, mas, na verdade, com respeito à qualidade do princípio, já que uma tendência inata para o mal pode muito bem ser criticada e no máximo subjugada, mas não pode ser erradicada pela razão humana comum.

---

mentos da Desigualdade entre os Homens" (1755). Jean-Jacques Rousseau, *O Contrato Social e Primeiro e Segundo Discursos*. Título original francês: "Discours qui a remporte le prix a l'academie de Dijon en l'annee 1750. Sur cette question proposee par la meme Academie: Si le retablissement des sciences et des arts a contribue a epurer les moeurs", 1750. O título francês do segundo Discurso é: "Discours sur l'origine et les fondements de l'inegalité parmi les hommes", 1755. O terceiro ensaio mencionado por Kant provavelmente é: *Julie ou la nouvelle Héloise*, 1759.

31 Os livros mencionados são *Émile ou de l'éducation* [Emílio: ou Da Educação] e *Du contrat social ou Principes du droit politique* [O Contrato Social ou Princípio do Direito Político], ambos publicados em 1762. *Profession de foi du Vicaire Savoyard* [A Profissão de Fé do Vigário Savoyard] originalmente surgido no *Émile*.

* * *

Sob uma constituição civil, que abrange o mais alto grau da elevação artificial da predisposição da humanidade para o bem e é dirigida para o fim último de sua vocação, as expressões de animalidade emergem mais cedo e são fundamentalmente mais poderosas do que aquelas da humanidade pura, e só por serem enfraquecidas tornam o gado mais útil ao ser humano do que as bestas selvagens. Sempre haverá alguém preparado para resistir aos demais e constantemente lutará, com a reivindicação de liberdade incondicional, não apenas para ser independente, mas até para se tornar senhor sobre todos os outros seres que são por natureza seus iguais. Podemos observar este mesmo em sua juventude,[32] porque sua natureza luta para levá-lo da cultura à moralidade, e não (como a razão realmente dita) começando com a moralidade e sua lei para uma

---

32 O choro de um recém-nascido não é expressão de sofrimento, mas sim de indignação e raiva furiosa. O recém-nascido não chora porque está com dor, mas sim porque está irritado, provavelmente porque quer mover-se e experimenta sua incapacidade de fazê-lo como um confinamento que rouba-lhe de sua liberdade. – Qual foi a intenção da natureza em trazer a criança ao mundo gritando, embora no *bruto estado de natureza* isto seja extremamente perigoso para a mãe e para a criança em si? Porque um lobo, mesmo um porco, seria, por isso, atraído a devorá-lo, se a mãe estivesse ausente ou enfraquecida pelo parto. Não há nenhum animal ao lado do ser humano (tal como existe hoje), que *anuncia em voz alta* a sua presença no nascimento, e isto parece ser uma precaução por parte da sabedoria da natureza para preservar a espécie. É preciso, portanto, que no início do período da história natural com respeito a esta classe de animais (ou seja, no tempo de brutalidade), esta espalhafatosa entrada no mundo ainda não ocorresse, mas que só começou em um período tardio e posterior, quando ambos os pais já tinham chegado ao nível da cultura necessária para a vida *doméstica*. Não sabemos, no entanto, como e porque os meios eficazes da natureza realizaram este desenvolvimento. Essa observação pode ter implicações de longo alcance, tais como a noção de que este segundo período na história natural possa ser seguido por uma revolução natural que anuncia um terceiro período, em que um chimpanzé ou orangotango desenvolve os órgãos necessários para andar, manipular objetos e falar segundo uma estrutura humana, dentro da qual há um órgão para o uso do intelecto, e que gradualmente se desenvolve através da cultura da sociedade.

cultura adequada e útil de acordo com a moralidade. Isto inevitavelmente faz surgir uma tendência mal orientada que se volta contra seu fim, como quando, por exemplo, a instrução religiosa, que necessariamente deve ser uma cultura moral, começa com o conhecimento histórico, que é meramente uma cultura de memória, e em vão procura deduzir dela a moralidade.

Se considerarmos a educação da humanidade como a inteireza de sua espécie, isto é, tomada coletivamente (*universorum*), e não como a educação de cada indivíduo (*singulorum*), na qual a massa não forma um sistema, mas antes um agregado de membros componentes, uma educação que consiste na busca de uma constituição civil baseada no princípio de liberdade, mas também sobre o princípio de coerção legal: o ser humano só pode esperar esta educação da providência, ou seja, de uma sabedoria que não é sua, mas que, no entanto, é a ideia impotente de sua própria razão (e que é impotente por sua própria culpa). Esta educação de cima é, posso dizer, salutar, mas difícil e restrita, um tratamento da humanidade pela natureza que é aliado à dificuldade e tende à destruição de toda a raça. O objetivo da natureza é, a saber, realizar, a partir do *mal*, o que sempre está em um estado de luta interna consigo mesmo, o *bem*, não pretendido pela humanidade, mas que, já que existe, continua a preservar-se. A providência significa precisamente a mesma sabedoria que nos maravilha na preservação da espécie dos seres naturais organizados, a sabedoria que opera constantemente para destrui-los e, no entanto, sempre os protege, ainda que não presumamos qualquer princípio mais elevado em operação neste cuidado providencial do que já fazemos no caso da preservação de plantas e animais. Além disso, a raça humana deve e *pode* ser a senhora de sua própria sorte. Mas o que *será* isso não é possível deduzir *a priori* das predisposições naturais da humanidade que nos são conhecidas. Antes, só podemos ter uma expectativa disto com base na experiência e conhecimento histórico, uma expectativa que é também justificada como é necessária para que não desanimemos do progresso para o melhor e em seu lugar trabalhemos para promover (cada um até onde possível) a aproximação deste objetivo com a devida prudência e compreensão moral.

Podemos, portanto, declarar: a característica fundamental da espécie humana é a capacidade de ser racional para dotar-se primeiramente de um caráter, tanto para si mesma enquanto indivíduo quanto para a sociedade na qual a natureza a colocou. Mas isto já pressupõe uma predisposição natural favorável e uma propensão ao bem, ainda que má, na luta consigo mesma e não se rendendo a qualquer princípio interno e permanente, que realmente não possui qualquer caráter.

O caráter de um ser vivo é aquele que permite conhecer a sua vocação com antecedência. A sequência pode, no entanto, ser entendida como um princípio que diz respeito aos fins da natureza: a natureza pretende que toda criatura atinja a sua vocação desenvolvendo todas as predisposições de sua natureza de forma proposital para atingir esse destino, de tal forma que, embora nem todo *indivíduo* cumpra o fim da natureza, a espécie o faz. No caso de animais não-racionais esta realização individual de fato ocorre e aqui reside a sabedoria da natureza. Mas no caso da humanidade somente a espécie atinge essa vocação. Conhecemos apenas uma espécie de seres racionais na Terra, a espécie humana, e vemos nela apenas uma tendência da natureza para este fim, ou seja, para finalmente realizar, por sua própria atividade, o desenvolvimento do bem a partir do mal. Esta é uma perspectiva que, a menos que revoluções naturais a levem a uma parada súbita, podemos esperar com *certeza* moral (isto é, com uma certeza suficiente para o dever de trabalhar para esse fim). Porque os seres humanos, isto é, os seres racionais que são maliciosos, mas também dotados de criatividade e, simultaneamente, de uma predisposição para a moralidade, que, no decurso da evolução da cultura, sentem cada vez mais os danos que egoisticamente infligem uns aos outros e, uma vez que eles não veem outros meios contra isso à sua disposição além de sujeitar o espírito privado (de indivíduos) ao espírito público (de todos unidos), e embora sejam relutantes em fazê-lo, de submetê-lo a uma disciplina (de coerção civil), ainda rendem-se àquele ao qual se sujeitam apenas de acordo com as leis. Através de sua consciência a respeito disso sentem-se enobrecidos, ou seja, à medida que eles pertencem a uma espécie adequada para a vocação do ser humano enquanto a razão, na ideia, representa-a para ele.

SEXTA PARTE

SOBRE O CARÁTER DA
ESPÉCIE HUMANA

I.

O SER HUMANO não estava destinado a pertencer a um rebanho, como o gado, mas sim, como a abelha, pertencer a uma colmeia. A *necessidade* de ser um membro de alguma sociedade civil. O modo mais simples, pelo menos artificial, de criar uma sociedade civil nesta "colmeia" é ter um líder (monarquia). Mas como muitas colmeias de abelhas próximas umas das outras logo surge a rivalidade de umas para com as outras como predadores (guerra), mas não o fazem, como os seres humanos, para aumentar sua própria colmeia por meio da união com a outra colmeia – aqui cessam as comparações –, mas sim apenas com o intuito de utilizar, através da força ou astúcia, a diligência do *outro* para seus *próprios* fins. Cada povo busca fortalecer-se subjugando povos vizinhos, quer pelo desejo de expansão quer pelo medo de ser engolido pelo outro se não o vencer. Por esta razão, a guerra interna ou externa em nossa espécie, por pior que possa ser, é simultaneamente a força que motiva a transição do estado bruto da natureza para o estado da sociedade *civil*, um mecanismo de providência em que o atrito entre as forças que lutam entre si traz prejuízos para ambas, ainda que sejam mantidas em movimento regular por um longo tempo para frente e para trás por outras forças diretoras.

II.

Liberdade e *Lei* (a segunda restringindo a primeira) são as duas dobradiças sobre as quais gira a legislação civil. Mas de maneira que a lei seja eficaz e não mera verborragia vazia, um meio termo deve ser acrescentado,[33] ou seja, a *força*, que, juntamente com a liberdade e a lei, pode garantir o sucesso destes princípios. Quatro combinações de força com esses dois são possíveis:

a) Lei e liberdade sem força (Anarquia).

b) Lei e força, sem liberdade (Despotismo).

c) Força sem liberdade nem lei (Barbárie).

d) Força com liberdade e lei (República).

---

33 Análogo ao *medius terminus* em um silogismo, que, conectado tanto com o sujeito quanto com o predicado do juízo, resulta nas quatro figuras do silogismo.

Pode-se ver que apenas a última destas merece ser chamada de verdadeira constituição civil, embora, por *república*, não se queira dizer uma das três formas de estado (democracia),[34] mas simplesmente um estado enquanto tal. A antiga declaração *salus civitatis* (não *civium*) *suprema lex esto*[35] não significa: o bem-estar sensível da comunidade (a *felicidade* dos seus cidadãos) servirá de princípio supremo à constituição do estado. Porque este tipo de bem-estar, ou o que cada indivíduo imagina ser o objeto de suas inclinações pessoais, qualquer que este possa ser, não é de todo adequado a servir como algum tipo de princípio objetivo, que é necessário se esse princípio deve ser universal. Esta máxima não diz nada mais que: *bem-estar intelectual*, a preservação da *constituição do estado* uma vez que essa exista, é a lei suprema de uma sociedade civil, uma vez que esta só pode existir por meio daquela.

O caráter da espécie, com base evidente na experiência histórica coletada de todos os tempos e entre todos os povos, é o seguinte: que eles, tomados coletivamente (enquanto raça humana como um todo), são uma massa de pessoas que existe lado a lado umas das outras e que não pode *prescindir* de coexistência pacífica e ainda não pode evitar uma luta constante entre si, e que, portanto, consideram-se destinados pela natureza a uma coalizão que forma uma *sociedade cosmopolita* (*cosmopolitismus*), através de coerção mútua ao abrigo das leis que eles próprios geram, uma sociedade que é constantemente ameaçada por divisões ainda que avance no geral. Essa ideia, inatingível em si, é, contudo, não um princípio constitutivo (ou seja, da expectativa de uma paz que realmente existe entre as

---

34 As outras duas formas de estado são a Aristocracia e a Autocracia. Cf. also PP 8:352-53 e MM 6:338-42.

35 "O bem-estar do estado (não do cidadão) é a lei suprema." Cícero, *De legibus* 3.3: "*Salus populi suprema lex esto.*"

ações e reações mais vigorosas entre os seres humanos), mas sim um princípio regulador, uma ideia a ser diligentemente buscada como a vocação da raça humana sob a suposição razoável de uma tendência natural à essa ideia.

Se alguém pergunta se a espécie humana (que também pode ser chamada de uma *raça*, se é comparada a uma espécie de *habitantes racionais da terra* para os habitantes de outros planetas e concebida como uma massa de criaturas que surgiram a partir de um demiurgo), deve ser considerada como uma raça boa ou má, então há, devo confessar, pouco a vangloriar-se. É verdade que alguém que considera o comportamento dos seres humanos não apenas na história antiga, mas também na contemporaneidade, será muitas vezes tentado a ser misântropo em seu julgamento, como *Timon*,[36] mas com muito mais frequência e mais adequadamente a queixar-se, como *Momus*,[37] de tolice, não maldade, como a característica mais marcante do caráter de nossa espécie. No entanto, que a insensatez, combinada com um toque de malícia (o que seria então chamado loucura), é, sem dúvida, parte da fisionomia moral de nossa espécie, pode ser visto claramente, já apenas com base na ocultação de uma parte importante de nossos pensamentos, que toda pessoa prudente descobre ser necessária, para que cada membro de nossa raça saiba ser aconselhável ser prudente e não deixar que os outros vislumbrem a si *inteiramente* como se é. Isso por si só revela a tendência da nossa espécie a ser mal disposta em sua relação de uns para com os outros.

Poderia ser o caso de haver seres racionais em outro planeta que só podem pensar em voz alta, tanto durante

---

36 Tímon: legendário misântropo ateniense.

37 Momus: na mitologia grega: deus do ridículo. O termo também é usado para a crítica censora.

a vigília quanto durante o sono, que, independentemente de se estão juntos com outros ou sozinhos, não podem ter pensamentos que não *expressem* imediatamente. Como seria o seu comportamento diferente do da nossa espécie humana? Se não fossem todos *tão inocentes como os anjos*, então é difícil ver como poderiam controlar a convivência uns com os outros, para terem até mesmo certo grau de respeito mútuo uns pelos outros e tolerar uns aos outros. Assim, é uma parte essencial da composição tanto do ser humano individual quanto da espécie humana que ele possa tentar explorar os pensamentos de outros enquanto retém seus próprios pensamentos, uma característica que inevitavelmente evolui gradualmente do *jogo de ação* para a *decepção* intencional, e finalmente, para a *mentira*. Isto levaria a uma caricatura da nossa espécie, e não se destina apenas a ser *ridicularizado* com bom humor, mas antes aquele que quisesse justificar tanto o *desprezo* com relação ao caráter de nossa espécie quanto também a confissão de que esta raça de seres racionais não era merecedora de qualquer lugar de honra ao lado dos outros habitantes racionais do mundo (que nos são desconhecidos),[38] se não fosse

---

38 Frederico II ("o Grande", 1712-1786), rei da Prússia de 1740 a 1786. Uma vez perguntou ao excelente Sulzer, cujas realizações tinha em alta estima e a quem ele confiou a gestão das instituições de ensino na Silésia, como seu trabalho estava indo. Sulzer respondeu: "Ele tem ido muito melhor do que nunca desde que começamos a construir segundo o princípio de Rousseau de que o ser humano é bom por natureza." "Ah, mon cher Sulzer (disse o rei), vous ne connaissez pas assez cette maudite race a laquelle nous appartenons." [Ah, meu caro Sulzer (disse o rei), o sr. não conhece muito bem esta maldita raça à qual pertencemos]. – Outra parte do caráter de nossa raça é a necessidade, na luta por uma constituição civil, para disciplinar através da religião, de modo que o que não pode ser alcançada por meio da coerção *externa* pode ser efetuada através da coerção *interna* (da consciência), sendo que os legisladores fazem uso político da predisposição moral do ser humano, uma tendência que faz parte do caráter da espécie. Mas se a moralidade não é anterior à religião nesta disciplina do povo, então a religião torna-se o mestre da moral, e a religião oficial torna-se um instrumento político da autoridade do estado sob *déspotas religiosos*. Este é um mal que leva inevitavelmente a um caráter pervertido e tenta reger por

essa mesma condenação que revelasse uma predisposição moral em nós, um apelo inato da razão, a trabalharmos contra essa tendência e a apresentar a espécie humana não como má, mas antes como uma raça de seres humanos racionais que luta continuamente para fazer progressos, contra obstáculos, do mal para o bem. Sua vontade seria, em geral, boa, mas ao realizá-la é impedida pelo fato de que o fim não pode ser esperado simplesmente com base em um livre acordo de *indivíduos*. Antes, só podemos esperar atingir esse fim a partir da organização progressiva dos cidadãos da Terra no interior da espécie como um sistema que é interconectado de uma maneira cosmopolita.

meio de *fraude* (conhecida como prudência política). Este grande monarca, apesar de *publicamente* declarar-se ser apenas servo maior do estado, não foi capaz, com um suspiro de resignação em sua confissão privada, de ocultar o ponto de vista oposto, mas desculpou sua própria pessoa, atribuindo essa corrupção à *raça* perversa conhecida como espécie humana.

Sétima Parte

O FIM DE TODAS AS COISAS
[1794]

É UMA EXPRESSÃO CORRENTE, especialmente na linguagem piedosa, falar da passagem de um moribundo à *eternidade*. Expressão que não significaria nada se se quisesse dar a entender com a palavra *eternidade* um tempo que se prolonga sem fim; porque, nesse caso, o homem jamais sairia do tempo, mas continuaria passando de um tempo a outro. Portanto, parece que essa expressão faz alusão a um *fim de todos os tempos*, perdurando o homem sem cessar, mas em uma duração (considerada sua existência como magnitude) que seria uma magnitude incomensurável com o tempo (*duratio noumenon*), da qual nenhum conceito podemos formar (exceto o negativo). Este pensamento encerra algo de terrível: porque nos conduz à beira de um abismo de cuja cavidade nada retorna ("com braços fortes retém a eternidade em um lugar sombrio, de onde não se volta." Haller); e, ao mesmo tempo, algo de atraente: porque não podemos deixar de lançar a ele nossos olhos espantados (*nequeunt expleri corda tuendo*, Virgílio) ao terrível sublime, em parte por causa de sua obscuridade, pois já se sabe que nela a imaginação opera com mais força que a plena luz. É preciso pensar que essa visão acha-se misteriosamente entrelaçada com a razão humana; porque deparamo-nos com ela em todos os povos, em todas as épocas, adornada de um modo ou de outro. Se seguimos este passo do tempo à eternidade (com independência de que esta ideia, considerada teoricamente, como ampliação de conhecimento, tenha ou não realidade objetiva, à maneira como a própria razão faz ao propósito prático), deparamo-nos com o *fim de todas as coisas* como seres temporais e objetos de possível experiência final que, na ordem moral dos fins, significa o começo de sua perduração como seres *suprassensíveis*, que não se encontram, por conseguinte, submetidos às determinações do tempo e que, portanto, também não pode ser (assim como seu estado) apto a nenhuma outra determinação de sua natureza senão a moral.

Os dias são como filhos do tempo, porque o dia que se segue, com tudo que traz, é engenho do anterior. Assim como o caçula é o filho mais novo de seus pais, o último dia do mundo (esse momento do tempo que o encerra) pode ser chamado de novíssimo. Este dia final pertence ainda ao tempo, pois nele acontece, no entanto, algo (que não pertence à eternidade, onde nada ocorre, pois isso significaria perduração do tempo), a saber, acerto de contas que os homens farão de sua conduta durante toda sua vida. É o dia do juízo; a sentença absolvitória ou condenatória do juiz do mundo constitui o autêntico fim de todas as coisas no tempo e, logo, o começo da eternidade (feliz ou de sofrimento) na qual a sorte que a cada um lhe coube permanece tal como foi no momento da sentença. Por isso, o dia final é, também, o *dia do juízo final*. Mas no *fim de todas as coisas* teria que incluir do mesmo modo o fim do mundo, em sua forma atual, quer dizer, a queda das estrelas do céu como de uma abóboda, a precipitação deste mesmo céu (ou seu enrolamento como um pergaminho), o incêndio do céu e da Terra, a criação de um novo céu e uma nova Terra, sedes dos santos e de um inferno para os reprovados; nesse caso, o dia do juízo não seria o último dia ou o final, pois, em seguida, viriam outros dias. Mas como a ideia de um fim de todas as coisas não tem sua origem numa reflexão sobre o curso físico delas no mundo, mas de seu curso *moral* e só assim é produzida, também não pode ser referida senão ao *suprassensível* (compreensível apenas no aspecto moral), que é ao que corresponde a ideia de eternidade; por isso, a representação dessas últimas coisas que chegarão após o último dia precisa ser considerada como sensibilização daquela com todas as suas consequências morais, ainda que não compreensíveis teoricamente por nós.

É preciso observar, no entanto, que, desde a mais remota antiguidade, encontramos dois sistemas referentes à eternidade vindoura: um, o dos *unitarianos*, que reservam a todos os homens (purificados por expiações mais ou menos amplas) a beatitude eterna; outro, o dos *dualistas*,[39]

---

[39] Semelhante sistema fundava-se na antiga religião persa (a de Zoroastro) na suposição de dois protosseres em luta eterna, o princípio do bem, Ormuzd, e o do mal, Ahriman. O curioso é que a linguagem de dois países muito distantes entre si, e mais distantes ainda do atual território de fala alemã, usarem palavras alemãs ao nomear esses seres. Lembro-me de ter lido em *Sonnerat* que em *Ava* (que é o país dos Burachmanes), o princípio do bem

que reservam a beatitude para os eleitos, enquanto para os demais a *eterna* condenação. Porque um sistema segundo o qual todos estivessem destinados a ser condenados não é possível, pois não haveria maneira de justificar por que teriam sido criados; a *aniquilação* de todos revelaria uma sabedoria deficiente, que, descontente com sua própria obra, não encontra melhor solução que destrui-la. Os dualistas sempre depararam-se com a mesma dificuldade que os impediu de simbolizar uma eterna condenação de todos; porque, para que finalidade teriam sido criados poucos, ou só um, se seu destino não fosse outro que serem condenados?, o que é muito pior que não ser.

Na medida do possível, até onde podemos explorar, o sistema dualista (mas somente sob a hipótese de um primeiro ser sumamente bom) encerra um motivo superior no sentido *prático*, para cada homem, para como é preciso reger ele mesmo (não para como é preciso reger aos demais); porque, à medida que se conhece, a razão não lhe apresenta nenhuma outra perspectiva da eternidade que a que sua própria consciência abre-lhe através da vida que leva. Mas, como mero juízo de razão, não se pode converter em dogma, quer dizer, em proposições teóricas objetivas e válidas em si mesmas. Pois, que homem conhece a si mesmo ou conhece aos demais com tanta transparência para decidir que se ele separasse dentre as causas de seu presente viver honrado tudo aquilo que se designa como devido à sorte, por exemplo, sua boa índole, o vigor natural de suas forças superiores (as do entendimento e da razão para dominar seus impulsos), além da circunstância de

---

chama-se *Godeman* (palavra que parece encontrar-se também no nome *Darius Godomannus*) e que a palavra Ahriman soa parecida a *arge Mann*, e que o atual persa contém uma grande quantidade de palavras de origem alemã, assim para os estudiosos da Antiguidade pode ser uma tarefa perseguir, com o fio condutor dos parentescos *linguísticos*, a origem dos atuais conceitos religiosos de muitos povos.

que o acaso lhe poupou de muitas ocasiões sedutoras que outros conheceram; se pudesse separar tudo isso de seu caráter real (como deve fazer se deseja estimá-lo pelo que vale, pois são coisas que, dons da sorte, não podem entrar na conta de seu próprio mérito), quem pretenderá decidir então, digo eu, se diante do olhar onividente de um juiz universal guarda em seu valor moral interior alguma vantagem sobre os demais, e não será antes de uma presunção absurda pretender, com base em um conhecimento superficial de si mesmo, estabelecer um juízo sobre o valor moral próprio (e o destino merecido) ou o dos demais? Por outro lado, tanto o sistema dos unitarianos como o dos dualistas, considerados como dogmas, parecem exceder completamente o poder especulativo da razão humana e tudo parece levar-nos a considerar essas ideias da razão simplesmente como limitadas às condições do uso prático. Pois nada temos diante de nós que pudesse instruir-nos desde agora sobre nossa sorte em um mundo vindouro fora do juízo de nossa própria consciência, quer dizer, o que nosso estado moral presente, à medida que o conhecemos, permite-nos julgar razoavelmente: a saber, que aqueles princípios que encontramos como prevalecendo em nosso viver até seu final (sejam do bem ou do mal) também continuarão prevalecendo depois da morte, sem que tenhamos o menor motivo para assumir uma mudança dos mesmos naquele futuro. E com isso, temos que esperar para a eternidade as consequências adequadas ao mérito ou à culpa derivados daqueles princípios; a respeito do qual é prudente trabalhar *como se* a outra vida e o estado moral com o que terminamos a presente, com suas consequências, ao entrar naquela, fossem invariáveis; para o propósito prático o sistema que terá que adotar será, por conseguinte, o dualista, e sem que por isso decidamos a qual dos dois corresponde a glória no aspecto teórico e puramente especulativo; ainda que pareça que o sistema unitário mova-se muito em uma segurança indiferente.

Mas por que os homens esperam, *em geral*, um *fim* do mundo? E já que isso lhes ocorre, porque há de ser precisamente um fim com horrores (para a maior parte do gênero humano)? O motivo do primeiro parece residir em que a razão diz-lhes que a duração do mundo tem um valor enquanto os seres racionais conformam-se com o fim último de sua existência, e que se este não tivesse que ser alcançado a criação parecer-lhes-ia como sem finalidade – como uma farsa sem desenlace e sem intenção alguma –. O motivo do segundo baseia-se na opinião da corrompida constituição do gênero humano[40] que chega a tal ponto que leva ao desespero; e preparar-lhe um fim, e que seja terrível, parece ser a única medida que corresponde à sabedoria e justiça (para a maioria dos homens) supremas. Por isso, os presságios do dia do juízo (porque, que imaginação excitada por uma grande expectativa carece

---

[40] Em todos os tempos sábios presumidos (ou filósofos), quando dignaram-se a voltar o olhar às disposições para o bem que existe na natureza humana, esmeraram em encontrar imagens molestas e em parte até repugnantes para ressaltar o caráter desprezível da terra, morada do homem: i) como uma pousada (*Karavanserai*) segundo a visão do dervixe: onde cada um é hóspede em sua peregrinação da vida para ser logo deslocado por outro; 2) como um cárcere: opinião sustentada pelos brâmanes, tibetanos e outros sábios do Oriente (e até o próprio Platão): lugar de emenda e purificação dos espíritos caídos do céu, agora almas humanas ou animais; 3) como manicômio: onde não só cada qual arruína seus próprios propósitos, mas faz ao demais todo dano possível, considerando a destreza e poder para esta façanha como a coisa mais honorável; 4) como cloaca: para onde vai toda a imundície dos outros mundos. Esta última versão é original, de certo modo, e devemo-la a um gênio persa que colocou o paraíso, habitação do primeiro casal, no céu; um jardim cheio de árvores frutíferas que tinham a virtude que seus frutos, uma vez assimilados pelo homem, não deixavam resíduo algum porque evaporava-se misteriosamente: só havia uma árvore, no meio do jardim, cujo fruto, muito atrativo, não tinha essa virtude. Nossos primeiros pais comeram dessa árvore, apesar da proibição; assim não houve mais jeito, para não sujarem o céu, e um anjo mandou-os para longe, à Terra, com as palavras: "eis aí a cloaca de todo o universo", e os conduziu para ali para que fizessem suas necessidades, voltando depois para o céu. Desse produto saiu o gênero humano.

de signos e prodígios?), são todos do gênero do espantoso. Alguns pensam na injustiça exagerada, na opressão dos pobres pela luxúria arrogante dos ricos, e na perda total da lealdade e da fé; ou nas guerras sangrentas que eclodirão por toda a face da Terra, etc., etc., numa palavra, na queda moral e no rápido incremento de todos os vícios com seus consequentes males, tais como jamais foram vistos em tempos passados. Outros pensam em inusitadas catástrofes naturais, terremotos, tempestades e inundações ou cometas e fenômenos atmosféricos.

De fato, e não sem causa, os homens sentem o peso de sua existência, ainda que eles mesmos sejam essa causa. A razão parece residir aqui. De modo natural a cultura do talento, da destreza e do gosto por sua consequência: a abundância adianta-se nos progressos do gênero humano rumo ao desenvolvimento da moralidade; e este estado é o mais angustiante e perigoso, tanto para a moralidade quanto para o bem-estar físico; porque as necessidades crescem muito mais rápido que os meios de satisfazê-las. Mas sua disposição moral que (como o *poena, pede claudo* de Horácio) segue-lhe mancando fará com que o homem, em seu curso acelerado, não poucas vezes se enrede e, com frequência, tropece; e assim, mais ainda se levarmos em conta as provas da experiência que nos oferecem as vantagens morais de nosso tempo sobre todas as anteriores, podemos abrigar a esperança de que o dia final parecer-se-á mais com a viagem de Elias que uma viagem infernal ao estilo da revolta de Coré e, desse modo, introduzirá sobre a Terra o fim de todas as coisas. No entanto, esta fé heroica, na virtude, não parece que, subjetivamente, tenha um poder de conversão tão forte sobre os ânimos como essa entrada acompanhada de horrores que se acredita precederá às últimas coisas.

OBSERVAÇÃO

COMO TRATAMOS (ou julgamos) aqui meramente de ideias que a própria razão cria para si, cujos objetos (se é que existem) residem muito longe do nosso horizonte, e como, ainda que seja preciso considerá-las vãs para o conhecimento especulativo, não precisam, por isso, serem vazias em todos os sentidos, mas a própria razão legisladora coloca-as dentro de nosso alcance com propósito prático, não para que nos ponhamos a refletir sobre seus objetos, sobre o que sejam em si e segundo sua natureza, mas para que as pensemos em proveito dos princípios morais, direcionados ao fim último de todas as coisas (pelo que, essas ideias, que de outro modo seriam totalmente vazias, recebem realidade prática objetiva), assim temos diante de nós um campo de trabalho *livre* para dividir este produto de nossa própria razão, o conceito geral de um fim de todas as coisas, segundo a relação que guarda com nossa faculdade cognitiva e estabelecer a classificação das concepções subsequentes.

Consequentemente, o todo é dividido em 1) o *fim natural*[41] de todas as coisas, segundo a ordem dos fins morais da sabedoria divina, que podemos compreender muito bem (num propósito prático); 2) o *fim místico* (sobrenatural) das mesmas, segundo a ordem das causas eficientes, do que não compreendemos *nada*; 3) o fim *antinatural* (invertido) provocado por nós mesmos ao compreendermos equivocadamente o fim último; e isso apresentaremos

---

41 Chama-se *natural* (*formaliter*) o que ocorre necessariamente segundo as leis de certa ordem, qualquer que seja e, portanto, também da moral (nem sempre, por conseguinte, apenas o físico). A isso se opõe o *inatural* que pode ser o *sobrenatural* ou o *antinatural*. O necessário por *causas naturais* pode ser representado também como natural – *materialiter* (físico-necessário).

em três seções; a primeira acaba de ser estudada, assim restar-nos-ão as duas seguintes.

Diz o Apocalipse (10.5, 6): "E o anjo que estava sobre a Terra levantou sua mão ao céu e jurou pelo que vive para todo o sempre, que criou o céu, etc.: *que não haverá mais tempo*". Não devemos supor que o anjo "com sua voz de sete trovões" (v. 3) tenha proclamado uma insensatez, pois quis dizer que já não haverá, adiante, nenhuma mudança; pois havendo alguma mudança no mundo logo o tempo continuaria a existir, já que aquela só pode dar-se havendo este, e não é possível pensá-la se não pressupusermos o tempo.

Neste caso temos um fim de todas as coisas figurado como objeto dos sentidos, do qual não podemos formar nenhum conceito: porque vemo-nos presos em contradições no mesmo momento em que procuramos dar o primeiro passo do mundo sensível ao inteligível – que ocorre porque o momento que constitui o fim do primeiro constitui também o começo do outro, o que quer dizer que fim e começo encontram-se postos na mesma série temporal, o que é contraditório.

Mas também dizemos que pensamos uma duração como *infinita* (como eternidade): não porque possuímos algum conceito determinável de sua magnitude – coisa impossível, pois lhe falta por completo o tempo como medida de tal magnitude –; mas que se trata de um conceito negativo da duração eterna, pois onde não há tempo também não há *nenhum fim*, conceito com o qual não avançamos nem um só passo em nosso conhecimento, mas que expressa unicamente que a razão, para o propósito (prático) do fim último, não pode obter satisfação por meio da mudança perpétua; ainda que, por outro lado, seja comparada com o princípio do repouso e da imortalidade do estado do mundo, encontrará insatisfação semelhante no que diz respeito a seu uso *teórico*, e resultará em uma total ausência de pensamento: como não lhe resta outra solução senão pensar em uma mudança que se prolonga indefinidamente (no tempo) como progresso constante para o fim último, no qual se mantém e se conserva idêntico o *sentir* (que não é, como a mudança, um fenômeno, mas algo suprassensível, que, portanto, não muda no tempo). A regra do uso prático da razão, como teor desta ideia, não quer dizer outra coisa que: temos que tomar nossa máxima como se em todas as infinitas mudanças de bom a melhor, nosso estado moral, atendo-se ao sentir (o *homo noumenon* "cuja peregrinação está no céu"), não estivesse submetido a nenhuma mudança no tempo.

Mas imaginar que chegará um momento em que cessará toda mudança (e, com isso, o próprio tempo), eis aqui uma representação que irrita à imaginação. Porque, segundo ela, toda a Natureza ficará rígida e como que petrificada, o último pensamento, o último sentimento, perdurarão no sujeito pensante, sem a menor mudança, idênticos a si mesmos. Uma vida semelhante a essa, se é que se pode chamá-la de vida, para um ser que só no tempo pode cobrar consciência de sua existência e da magnitude desta (como duração), parecer-lhe-á semelhante ao aniquilamento: porque, para que seja possível pensar a si mesmo em semelhante estado, tem que pensar em algo; sendo assim, o pensar contém o refletir, que não pode ocorrer senão no tempo. Por isso, os habitantes do outro mundo costumam ser representados entoando, segundo o lugar que habitam (o céu ou o inferno), a sempiterna Aleluia ou a interminável lamentação (19.1-6; 20.15): com o que se quer dar a entender a ausência total de mudança em seu estado.

Contudo, por mais que exceda a nossa capacidade de compreensão, esta ideia parece ter parentesco com a razão no aspecto prático. Ainda que admitamos que o estado físico-moral do homem na vida presente descansa no apoio mais firme, a saber, um progredir e acercar-se contínuos do sumo bem (que foi-lhe fixado como meta); não pode, contudo (ainda com a consciência da invariabilidade de seu sentir), unir o *contentamento* à perspectiva de uma mudança perdurável de seu estado (tanto moral como físico). Porque o estado em que se encontra no presente é sempre um mal em comparação com o estado melhor ao que se prepara para entrar; e a representação de um progresso indefinido ao fim último equivale à perspectiva de uma infinidade de males que, ainda que sejam pouco mais que equilibradas por bens maiores, não permitem que se produza o contentamento, que não pode pensar senão no caso de que o *fim último* seja obtido, por fim, uma vez.

Sobre este particular o homem pensativo cai na *mística* (porque a razão, que não se contenta facilmente com seu uso imanente, ou seja, prático, mas leva à vontade sua ousadia ao transcendente, tem também mistérios), onde sua razão nem se compreende a si mesma nem aquilo que quer, mas prefere fantasiar, quando estaria mais em sintonia com o habitante intelectual de um mundo sensível manter-se dentro dos limites deste. Assim produz-se esse sistema monstruoso de Lao Tsé sobre o *sumo bem*, que consiste em nada, quer dizer, na consciência de sentir-se absorvido no abismo da divindade pela fusão com a mesma e o aniquilamento de sua personalidade; e para antecipar a sensação desse estado há filósofos chineses que se esforçam, dentro de um obscuro recinto, em pensar e sentir este nada fechando os olhos. Daqui o *panteísmo* (dos tibetanos e de outros povos orientais) e o *espinozismo* extraído por sublimação filosófica daquele; irmanando-se ambos com o primitivo *sistema emanantista* segundo o qual todas as almas humanas emanam da divindade (com a reabsorção final por ela). E tudo para que os homens possam desfrutar, por fim, de um *repouso eterno* que é igual a esse pretendido fim beatífico de todas as coisas; conceito que, na verdade, serve de ponto de partida à razão e, às vezes, põe termo a todo pensamento.

Imaginar o fim de todas as coisas que passam pelas mãos do homem, é *loucura* apesar de sua boa finalidade: porque significa o emprego de certos meios, para alcançar os fins, que repugnam precisamente a estes. A sabedoria, quer dizer, a razão prática na adequação das medidas totalmente congruentes com o seu sumo bem, ou seja, com o fim último de todas as coisas, reside apenas em Deus; e não atuar de maneira patente contra sua ideia é o que se poderia chamar sabedoria humana. Mas este seguro contra a loucura, que o homem não pode prometer para si senão pela força de ensaios e de frequentes mudanças de plano, é antes "um tesouro que nem mesmo o melhor dos homens pode fazer exceto persegui-lo e não alcançá-lo"; e também não pode fazer jamais a interessante consideração de que lhe é permitido persegui-lo menos porque já não o alcançou. Por isso, esses projetos, que mudam de tempos em tempos e que com frequência se contradizem, não encontram os meios adequados para que a religião depure-se e seja vigorosa a todo um povo; de sorte que podemos exclamar: pobres mortais, nada há entre vós mais constante que a inconstância!

Quando estas tentativas deram tanto de si que a comunidade é capaz e propensa a dar ouvidos não somente às piedosas doutrinas tradicionais, mas também à razão prática iluminada por elas (como é, por outro lado, necessário para uma religião); quando os sábios (à maneira humana) do povo fazer projetos, não por conciliábulos entre si (como um clero) mas como concidadãos, coincidindo na maior parte, com o qual demonstram de maneira irrepreensível que o que lhes importa é a verdade e quando o povo interessa-se em conjunto (ainda que não, todavia, nos menores detalhes) por um sentimento geral da necessidade de edificação de suas disposições morais, e não por autoridade: neste caso nada parece mais aconselhável que deixar àqueles que façam e continuem em seu trabalho, já que se acham no bom caminho da ideia que perseguem; mas no que se refere ao êxito dos meios escolhidos para o melhor fim último, pois se torna incerto como ocorrerá conforme o curso da Natureza, abandonemos à *Providência*. Pois por mais incrédulo que se seja, quando é simplesmente impossível predizer, com certeza, o êxito baseado em meios escolhidos com ordem à máxima sabedoria humana (que, se merecer esse nome, tem que se referir unicamente à moral), não há outro remédio que crer de modo prático em uma concorrência da sabedoria divina no decurso da Natureza, a não ser que se prefira renunciar a seu fim último. Se objetará: muitas vezes disse-se que o plano atual é o melhor; isso é para sempre, agora é um estado para a eternidade. "O que (segundo este conceito) é puro, purifique-se mais, e o que é sujo (contrário a esse conceito), suje-se mais" (Ap 12.11); como se a eternidade e, com ela, o fim de todas as coisas, já tivessem se apresentado – e, no entanto, volta a aparecer novos planos, sendo com frequência o último da série a restauração de algum dos antigos, e também não parece que faltarão futuros projetos definitivos.

Previno-me tão perfeitamente de minha incapacidade de encontrar, de minha parte, outro ensaio novo e feliz que preferiria, ainda que para isso não careça de uma grande inventiva, aconselhar o seguinte: deixar como estavam as coisas que durante uma geração mostraram por suas consequências ser suportáveis. Como este acaso não seja a opinião de um grande espírito ou de um espírito empreendedor, seja a mim permitido indicar, modestamente, não o que tenham que fazer, mas aquele tropeço que devem evitar para não agirem contra sua própria intenção (assim fora a melhor do mundo).

O cristianismo, além do máximo respeito que a santidade de suas leis inspira forçosamente, tem algo *amável* em si. (Não me refiro à amabilidade da pessoa que no-lo adquiriu com grandes sacrifícios, mas sim da própria coisa: a saber, a constituição moral por Ele estabelecida, pois aquela deriva-se desta). O respeito é o primeiro, sem dúvida, pois sem ele também não se dá o amor; ainda que seja verdade que se possa abrigar um grande respeito por uma pessoa sem necessidade de amor. Mas quando se trata não só de representar o dever, mas de procurá-lo, quando se pergunta pelos motivos *subjetivos* das ações, dos quais, é-se preciso pressupô-los, dever-se-á esperar, em primeiro lugar, o que o homem *fará*, e não, como por motivos objetivos, o que *deve fazer*; neste caso o amor, como aceitação livre da vontade de outro entre as máximas próprias, representa um complemento insubstituível da imperfeição da natureza humana (no que diz respeito a ter que ser constrangido ao que a razão prescreve mediante a lei): porque o que não se faz por prazer é feito mesquinhamente, e com estes estorvos sofísticos a mando do dever, não há muito que esperar deste solo móvel se não é acompanhado daquele outro.

Mas se agora, para fazer as coisas melhor, acrescenta-se ao cristianismo alguma autoridade qualquer (ainda que seja a divina), por muito boa que fosse a intenção e excelente o fim, acaba-se com a amabilidade daquele porque é uma contradição mandar que alguém não só faça algo, mas que o faça também com prazer.

O propósito do cristianismo é fomentar o amor para o cumprimento do dever e isso ele consegue; porque o Fundador não fala na qualidade de quem manda, da vontade que exige obediência, mas como um amigo dos homens que leva no fundo de seu coração a vontade bem entendida dos homens, quer dizer, aquela que fariam livremente se se examinassem como é devido.

Do espírito *liberal* – distanciado tanto do servil como do anárquico –, é de onde o cristianismo espera um efeito favorável para sua doutrina, aquilo pelo qual pode ganhar para si o coração dos homens, cujo entendimento já está iluminado pela representação da lei de seu dever. O sentimento de liberdade na eleição do fim último é o que aos homens torna amável a legislação. Ainda que o Mestre anuncie também castigos, não há que entendê-los, contudo, ou, pelo menos, não é adequado à natureza genuína do cristianismo explicá-los como se se tratasse dos móveis para cumprir com seus mandamentos: pois nesse mesmo momento deixaria de ser amável. Mas é preciso interpretá-los como amorosa advertência, que surge da benevolência do legislador, para que nos guardemos dos males que necessitam seguir inevitavelmente à transgressão da lei (porque: *lex est res surda et inexorabilis*, Livius); porque não é o cristianismo, como máxima devida livremente escolhida, que ameaça, mas a lei que, como ordem imutável radicada na natureza das coisas, não deixa nem ao arbítrio do Criador que as consequências sejam estas ou aquelas.

Quando o cristianismo promete recompensar (p. e. "sede alegres e contentai-vos, que tudo ser-vos-á contado no céu") não precisamos interpretá-lo, contrariamente ao espírito liberal, como se se tratasse de uma oferta para interesse dos homens de bom comportamento: pois, nesse mesmo momento, deixaria o cristianismo de ser digno de amor. Só a proposta daquelas ações que procedem de móveis desinteressados pode inspirar respeito por parte dos homens para aquele que as propõe; e já sabemos que sem respeito não há verdadeiro amor. Portanto, não há que prestar a essa recomendação o sentido de tomar as recompensas como móveis das ações. O amor que liga um espírito liberal a um benfeitor não se inspira no bem que recebe o necessitado, mas na bondade da vontade do que está disposto a reparti-lo; ainda que fosse incapaz de levá-lo a efeito ou por outros motivos, que podem surgir da consideração do bem cósmico universal, impediram-lhe a realização.

Eis aqui algo que não pode esquecer-se jamais: a amabilidade moral que o cristianismo leva consigo, a qual, apesar das várias imposições que lhe foram acrescidas de fora na frequente mudança das opiniões, transluz-se sempre e mantém-lhe contra a aversão que, de outro modo, houvesse provocado e, o que é mais assombroso, manifesta-se com maior brilho na época da máxima ilustração que conheceram os homens e é a única coisa que, de longe, ata seus corações.

Se alguma vez o cristianismo deixasse de ser digno de amor (o que pode ocorrer se em lugar de seu doce espírito se armasse de autoridade impositiva), nesse caso, já que em questões de moralidade não cabe lugar à neutralidade (e muito menos coalizão de princípios contrários), o pensamento dominante dos homens teria de ser a inimizade e a oposição contra ele; e o *Anticristo*, que é considerado como precursor do dia do juízo, começaria seu breve reinado (provavelmente assentado no temor e egoísmo); mas, então, como o cristianismo, *destinado* a converter-se em religião universal, não seria favorecido pelo destino para chegar a sê-la, e dar-se-ia o *fim* (inverso) de todas as coisas no sentido moral.